개인 투자자와 AI 서비스

인공지능총서

인공지능 시대입니다. 기계가 인간의 인지를 대신하고, 사물이 인간을 통하지 않고 다른 사물과 직접 커뮤니케이션합니다. 이에 따른 인간 삶과 문명 변화를 정확히 이해·예측·대응하는 것은 이 시대 우리 모두의 과제입니다. 인공지능총서는 인공지능 기술과 환경의 여러 주제를 10가지 키워드로 정리합니다. 관련 개념과 이론, 학계와 산업계의 쟁점, 우리 일상의 변화를 다룹니다. 인간과 기술의 현재, 미래를 세심히 분석합니다.

일러두기

- 인명, 작품명, 저서명, 개념어 등은 한글과 함께 괄호 안에 해당 국가의 원어를 병기했습니다.
- 외래어 표기는 현행 어문규정의 외래어표기법을 따랐습니다.

처음이세요?

전문가세요?

개인 투자자와 AI 서비스

이정헌

대한민국, 서울, 커뮤니케이션북스, 2025

개인 투자자와 AI 서비스

지은이 이정헌
펴낸이 박영률

초판 1쇄 펴낸날 2025년 6월 12일

커뮤니케이션북스(주)
출판 등록 2007년 8월 17일 제313-2007-000166호
02880 서울시 성북구 성북로 5-11
전화(02) 7474 001, 팩스(02) 736 5047
commbooks@commbooks.com
www.commbooks.com

ISBN 979-11-430-0211-2 03500

책값은 뒤표지에 표시되어 있습니다.

차례

개인 투자자를 위한 AI 안내서

우리는 기술 혁신의 시대를 살고 있다. 특히 인공지능(AI)은 금융 시장을 포함한 거의 모든 산업 분야에 혁명적인 변화를 가져오고 있다. 불과 몇 년 전만 해도 대형 투자 기관과 헤지 펀드만이 접근할 수 있었던 고급 분석 도구와 투자 전략이 이제는 일반 개인 투자자들의 손끝에서도 가능해지고 있다.

그러나 이러한 급격한 변화 속에서 많은 개인 투자자들은 혼란을 느끼고 있다. "AI 투자 서비스는 정말 효과가 있을까?", "내게 맞는 AI 투자 도구는 무엇일까?", "로보어드바이저를 믿어도 될까?", "AI가 추천하는 투자 결정을 그대로 따라야 할까?" 등의 질문들이 끊임없이 떠오르고 있다. 이 책은 바로 그러한 질문들에 대한 답을 찾고자 하는 개인 투자자들을 위해 쓰였다.

기술과 투자의 교차점에서…

우리가 살고 있는 21세기는 기술의 발전 속도가 그 어느 때보다 빠르게 진행되고 있다. 특히 AI 기술의 혁신은 금융 시장에도 깊은 영향을 미치고 있다. 빅 데이터 처리 능력, 머신 러닝 알고리즘, 자연어 처리 기술 등의 발전으로 인해 과거에는 상상할 수 없었던 방식으로 시장을 분석하고 투자 결정을 내릴 수 있게 되었다.

나는 컴퓨터공학 교수이자 액셀러레이터(AC, Accelerator)/벤처캐피탈(VC, Venture Capital) 투자사의 공동 창업자로서, 그리고 무엇보다 한 명의 개인 투자자로서 AI와 금융이 만나는 지점에서 발생하는 기회와 도전에 대해 깊이 고민해 왔다. 이 책은 그런 고민의 결과물로 이론적인 설명과 함께 실제 투자 현장에서 적용할 수 있는 실용적인 지식을 담고자 했다.

투자 민주화의 시대

과거 금융 시장은 정보의 비대칭성으로 인해 기관 투자자들에게 유리한 환경이었다. 그들은 방대한 리서치 팀, 고급 분석 도구, 전용 데이터베이스 등 개인 투자자들이 접근하기 어려운 자원을 활용할 수 있었다. 그러나 AI 기술의 발전과 함께 이러한 정보 격차가 점차 줄어들고 있다. 이제 개인 투자자들도 로보어드바이저, AI 기반 투자 신호 서비스, 자동화된 포트폴리오 관리 도구 등을 통해 전문가 수준의 분석과 투자 전략을 활용할 수 있게 되었다.

이러한 변화는 '투자의 민주화'라고 불릴 만큼 중요한 패러다임 전환을 의미한다. 더 이상 성공적인 투자가 소수의 전문가나 거대 자본을 가진 이들만의 특권이 아니게 된 것이다. 하지만 이러한 기회를 효과적으로 활용하기 위해서는 새로운 도구와 기술에 대한 이해가 필수적이다.

이 책에서는 AI 투자 서비스의 기본 개념부터 시작하여 로보어드바이저 활용법, AI 신호 기반 직접 투자 방법, 포트폴리오 구성 전략, 성과 평가와 최적화 방법까지 다루고 있다. 특히 SCHD(Schwab U.S. Dividend Equity ETF)와 QQQ(Invesco QQQ Trust) 같은 인기 ETF(Exchange Traded Fund)를 중심으로 한 실제 투자 사례와 함께 AI 투자의 한계와 주의점도 균형 있게 살펴봄으로써, 독자들이 AI를 맹목적으로 신뢰하지 않고 비판적 사고를 유지할 수 있도록 했다.

각 장은 독립적으로 읽을 수 있도록 구성되어 있지만, 전체적으로는 AI 투자에 대한 포괄적인 이해부터 구체적인 실행 방법, 그리고 장기적인 투자 전략 수립까지 체계적으로 연결된다. 처음 몇 장은 AI 투자의 기본 개념과 서비스 유형을 소개하고, 중간 장들은 실제 투자 실행 방법과 최적화 전략을 다루며, 마지막 장들은 보다 고급 주제와 미래 전망을 제시한다.

부록에서는 AI 투자 관련 웹사이트 및 앱, 용어 사전, 그리고 AI 투자에 사용되는 알고리즘의 종류를 상세히 설명하여 독자들의 이해를 돕고 있다.

초보 개인 투자자

이 책은 크게 세 부류의 독자들에게 도움이 될 것이다.

첫째, 투자를 막 시작하는 초보자들에게는 AI 투자 서비스의 기본 개념과 시작 방법을 제공한다. 복잡한 금융 용어나 기술적 개념을 가능한 한 쉽게 설명하고 실제로 첫걸음을 내딛는 데 필요한 실용적인 조언을 담았다.

둘째, 이미 투자 경험이 있는 중급 투자자들에게는 AI 도구를 활용해 자신의 투자 전략을 개선하고 확장하는 방법을 알려 준다. 기존의 투자 방식에 AI 기술을 어떻게 접목할 수 있는지, 그리고 어떤 부분에서 AI가 특히 효과적인지에 대한 통찰을 제공한다.

셋째, 기술에 관심이 많은 투자자에게는 AI 알고리즘이 투자 결정을 내리는 방식에 대한 통찰력을 제공한다. 복잡한 수학적 개념을 최소화하면서도, AI 투자 시스템의 작동 원리를 이해할 수 있도록 설명했다.

실용적 접근법

이 책의 가장 큰 특징은 실용성이다. 이론적인 설명에 그치지 않고 실제로 AI 투자 서비스를 선택하고, 시작하고, 관리하는 전 과정을 단계별로 안내한다. 특히 국내외 다양한 AI 투자 서비스의 특징과 장단점을 비교 분석하고, 투자 성향과 목표에 따른 맞춤형 선택 방법을 제시한다.

또한 실제 투자 사례를 통해 이론을 실전에 적용하는 방법을 보여 준다. SCHD와 QQQ 같은 인기 ETF를 중심으로 한 포트폴리오 구성과 최적화 방법, 그리고 AI를 활용한 리밸런싱 전략 등은 독자들이 바로 실행에 옮길 수 있는 구체적인 지침을 제공한다.

균형 잡힌 시각

AI 기술은 분명 투자에 혁신적인 변화를 가져오고 있지만, 만능이 아니라는 점도 명심해야 한다. 이 책에서는 AI 투자의 장점뿐만 아니라 한계와 주의점도 함께 다룬다. 과거 데이터에 의존하는 AI의 근본적 한계, 블랙스완 이벤트 대응의 어려움, 그리고 감정적 의사 결정과 AI 추천 사이의 균형 등 실제 투자자들이 고민하는 문제들에 대한 균형 잡힌 시각을 제시한다.

특히 '완전 자동화'가 아닌 '인간과 AI의 협업' 관점에서 투자 전략을 구성하는 방법을 강조한다. AI는 뛰어난 도구이지만 최종 결정은 투자자 자신의 판단과 책임하에 이루어져야 한다는 시각을 일관되게 유지하고 있다.

미래를 위한 투자 준비

AI 기술은 빠르게 발전하고 있으며 투자 환경도 끊임없이 변화하고 있다. 이 책의 마지막 부분에서는 AI 투자의 미래 전망과 개인 투자자가 이러한 변화에 대응하기 위한 장기 전략을 제시한다. 기술의 발전 방향을 예측하고 그에 따른 투자 전략의 변화와 적응 방법을 모색한다.

이 책이 여러분의 AI 투자 여정에 유용한 나침반이 되기를 바란다. 성공적인 투자는 단순히 최신 기술을 도입하는 것이 아니라 그 기술을 자신의 목표와 상황에 맞게 현명하게 활용하는 데 있다. 기술은 도구일 뿐, 그 도구를 어떻게 사용할지는 여전히 투자자 자신의 몫이다.

이 책을 통해 개인 투자자로서 AI 투자 서비스 세계를 이해하며 독자만의 효과적인 투자 전략을 구축하는 데 도움이 되길 바란다. 우리 모두 AI 시대의 투자 기회를 현명하게 활용하여 더 나은 금융적 미래를 만들어 나가길 희망한다.

01
개인 투자자를 위한 AI 투자 서비스 이해

AI 기술이 금융 투자 영역으로 빠르게 확산되면서 개인 투자자들에게 새로운 기회가 열리고 있다. AI 투자 서비스의 개념, 발전 배경, 주요 이점을 살펴보고 전통적 투자 방식과의 차이점 및 개인 투자자가 활용할 수 있는 다양한 AI 투자 서비스 유형을 소개한다.

AI와 1인 창업?

AI 투자 서비스란 무엇인가?

AI 투자 서비스는 AI 기술을 활용하여 주식, 펀드, ETF 등의 투자에 활용하는 서비스다. 쉽게 말해 컴퓨터 프로그램이 방대한 금융 데이터를 분석하고, 이를 바탕으로 투자자에게 맞춤형 투자 포트폴리오를 구성하거나 투자 판단을 지원하는 것을 목표로 한다(정은해, 2019).

AI 투자 서비스의 발전 배경에는 컴퓨팅 파워의 증가, 빅데이터 활용 확대, AI 알고리즘의 발전(머신 러닝, 딥러닝 등)이 주요하게 작용했다(한국금융연구원, 2020). 역사적으로는 다음 단계로 발전했다.

2008~2012: 초기 자동화된 투자 플랫폼 등장

2013~2016: 로보어드바이저 서비스 첫 출시 및 성장

2017~2020: 머신 러닝 기술을 활용한 고급 투자 알고리즘 개발

2021~현재: 딥러닝과 빅 데이터 기반의 고도화된 AI 투자 서비스 확산

AI 투자 서비스의 이점

개인 투자자가 AI 투자 서비스를 통해 얻을 수 있는 주요 이점은 다음과 같다.

시간 절약: AI가 시장 분석 등 시간 소모적인 작업을 대신 수행하여 투자자는 투자 현황 확인에만 적은 시간을 할애할 수 있다. 전통적 투자는 주 5~10시간이 필요한 반면, AI 투자는 주 15~30분 정도만 필요하다.

감정 배제: AI는 '욕심'과 '두려움' 같은 감정 없이 데이터만을 기반으로 객관적인 판단을 내려 감정적인 투자 실수를 줄여 준다. 예를 들어 2020년 코로나 팬데믹 초기, 많은 개인 투자자들이 공포감에 주식을 팔았지만 AI 투자 시스템을 활용한 투자자들은 감정적 판단 없이 장기 전략을 유지했다.

정보 격차 해소: AI는 기관 투자자와 유사한 수준의 데이터 분석 능력과 도구를 제공하여 정보 불균형을 완화한다. 실시간 데이터 분석, 고급 분석 기법, 글로벌 시장 접근성 등을 통해 개인 투자자도 전문가 수준의 분석이 가능하다(금융위원회, 2021).

맞춤형 포트폴리오: 개인의 투자 목표, 투자 기간, 위험 감수 성향, 재정 상황, 특정 선호도 등을 고려한 최적의 포트폴리오를 구성해 준다.

전통적 투자 방식과의 차이

전통적인 투자 방식과 AI 투자 서비스는 다음과 같은 차이가 있다.

의사 결정 방식: 직관 vs. 데이터 기반 객관적 판단

투자 시간과 노력: 전업 수준의 노력 vs. 자동화된 효율

비용과 접근성: 고비용 엘리트 서비스 vs. 저비용 대중화된 서비스

투자 다양성: 제한적 자산 접근 vs. 글로벌 다양한 자산 접근

AI 투자 알고리즘의 기본 이해

AI 투자 알고리즘은 투자 관련된 특정 문제를 해결하기 위한 단계적인 지침이나 규칙의 집합이다. AI 투자 알고리즘은 투자 결정을 내리기 위해 데이터를 분석하고 패턴을 찾는 컴퓨터 프로그램이다. 요리 레시피에 비유하자면 레시피는 재료(데이터)를 가지고 특정 단계(알고리즘)를 따라 맛있는 요리(투자 결정)를 만드는 과정과 같다고 할 수 있다. AI 투자 알고리즘은 금융 데이터라는 재료로 투자 결정이라는 요리를 만드는 자동화된 레시피다.

AI 투자 알고리즘이 하는 일

데이터 수집 및 정리: 주가, 거래량, 재무제표, 뉴스 등

다양한 정보 수집

패턴 인식: 과거 데이터에서 반복되는 패턴 발견

예측 모델링: 미래 가격이나 추세 예측

의사 결정: 매수, 매도, 보유 등의 투자 결정 제안

실행 및 모니터링: 결정된 전략 실행 및 성과 추적

개인 투자자 대비 AI 투자 알고리즘의 차이점

정보 처리 능력: 수백만 개의 데이터 포인트를 동시에 빠르게 분석 가능

감정적 편향: 감정에 영향받지 않음

일관성: 시장 상황과 관계없이 일관된 규칙 적용

학습 능력: 새로운 데이터를 쉬지 않고 지속적으로 학습 가능

단점: 데이터에 나타나지 않는 복잡한 상황 이해 어려움

AI 투자 서비스 유형

개인 투자자가 활용할 수 있는 AI 투자 서비스 유형으로는 로보어드바이저, 알고리즘 트레이딩 플랫폼, AI 투자 신호 및 분석 서비스, AI 기반 ETF 및 펀드 등이 있다.

소규모 자본으로도 AI 투자를 시작할 수 있으며 투자 목표 및 기간 설정, 투자 가능 금액 결정, 적합한 AI 서비

스 선택, 단계적 투자 시작 등의 가이드를 따르는 것이 중요하다. 분산 투자 전략과 달러 코스트 애버리징 같은 장기적인 접근법이 소액 투자에 적합한 전략이다(이수영, 2021).

AI 투자 서비스는 과거 데이터 기반 예측의 한계, 감정 이해 부족, 기술적 한계, 투명성 부족 등의 한계를 가지고 있다. 따라서 수익률에 대한 현실적인 기대치(로보어드바이저의 일반적 장기 수익률: 연 4%~8%)를 가지고 AI와 인간 판단의 균형을 찾는 하이브리드 접근법을 활용하는 것이 중요하다.

참고문헌

금융위원회(2021). 『금융분야 AI 가이드라인』. 금융위원회.

이수영(2021). "로보어드바이저를 활용한 개인 자산관리 전략". 금융연구, 35(2), 45-68쪽.

정은해(2019). "국내 로보어드바이저 서비스의 현황과 전망". 금융투자, 28(3), 112-130쪽.

한국금융연구원 (2020). 『로보어드바이저의 현황과 과제』. 금융연구원 보고서.

Baker, T., & Dellaert, B.(2018). Regulating robo advice across the financial services industry. *Iowa Law Review*, 103(2), pp.713-750.

02
적합한 AI 투자 서비스 선택

AI 투자 서비스의 급증은 개인 투자자에게 다양한 선택지를 제공하지만, 동시에 혼란을 가중하기도 한다. 어떤 서비스가 나의 투자 목표와 성향에 적합할까? 어떻게 비용 효율적인 선택을 할 수 있을까? 개인 투자자가 AI 투자 서비스를 선택할 때 고려해야 할 핵심 요소들(투자 목표와 성향 파악, 로보어드바이저 평가 기준, 국내외 주요 서비스 비교)을 체계적으로 안내하여 최적의 의사 결정을 돕는다.

AI와 MBTI?

투자 목표와 성향

자신에게 맞는 AI 투자 서비스를 선택하기 위해서는 먼저 자신의 투자 목표와 성향을 명확히 이해하는 것이 중요하다.

투자 목표는 투자 기간(단기: 1~3년, 중기: 3~7년, 장기: 7년 이상), 재정적 목표 금액(예: 1억 원 자산 구축), 투자 목적(은퇴 준비, 주택 구입, 자녀 교육, 자산 증식) 등을 구체적으로 정의해야 한다(D'Acunto et al., 2019).

투자 성향은 위험에 대한 개인의 태도를 파악하는 것으로, 투자 원금의 손실 시 행동이나 선호하는 포트폴리오 유형 등의 질문을 통해 자신이 얼마나 위험을 감수할 수 있는지 진단할 수 있다. 투자 가능 시간도 서비스 선택 시 중요한 고려 사항이다.

완전 자동화 선호: 모든 과정이 자동화된 로보어드바이저 적합

반자동화 선호: AI 추천을 받되 최종 결정은 직접 내리는 하이브리드 서비스

적극적 참여 선호: AI 투자 신호나 분석 도구를 활용하여 직접 거래

로보어드바이저 서비스 평가 기준

수수료 구조: 관리 수수료(연 0.2%~1.0%), 성과 수수료, ETF 비용(연 0.05%~0.5%), 거래 수수료 등을 확인해야 한다. 장기 투자에서는 0.5%의 수수료 차이도 복리 효과로 최종 수익에 큰 영향을 미칠 수 있다.

최소 투자 금액: 국내 서비스는 10만~100만 원, 해외 서비스는 $500~$10,000 수준에서 시작 가능하다(Jung et al., 2018).

맞춤화 수준: 기본(5~7개 사전 구성 포트폴리오), 중간(위험 성향, 투자 목표, 기간에 따른 조정), 고급[특정 산업 선호도, 환경·사회·지배구조(ESG) 선호, 특정 종목 제외] 등의 수준이 있다.

이용 편의성: 사용자 인터페이스, 정보 시각화, 자동 이체 설정, 고객 지원, 교육 자료 등을 확인해야 한다.

국내 주요 AI 투자 서비스

파운트(Fount): 글로벌 ETF 중심의 분산 투자 제공, 최소 투자 금액 10만 원, 수수료 연 0.9~1.2%, 안정적인 장기 투자를 원하는 투자자에게 적합하다.

에임(AIM): 다양한 자산 클래스로 포트폴리오 구성, 최소 투자 금액 30만 원, 자문 수수료 연 1.0%다.

두물머리 투자 자문: 강한 상승 추세의 자산에 집중 투자, 최소 투자 금액 50만 원, 시장 흐름에 따라 적극적으로 대응하길 원하는 투자자에게 적합하다.
카카오페이 투자: 소액 투자에 특화, 최소 투자 금액 1만 원, 수수료 약 0.4~0.8%, 소액으로 시작하는 초보 투자자에게 적합하다(Beketov et al., 2018).

해외 AI 투자 서비스 접근법

해외 서비스 이용 시에는 계좌 개설 요건[미국 주소지, SSN(Social Security Number), TIN(Taxpayer Identification Number) 등], 국내 증권사 해외 투자 서비스 활용, 한국인 이용 가능한 해외 서비스 찾기, 세금 및 환율 리스크(미국 원천징수세, 환율 변동 영향) 등을 추가로 고려해야 한다.

서비스 선택 시 체크 포인트

비용 관련: 연간 관리 수수료, 숨겨진 비용, 최소 투자 금액, 중도 해지 수수료, 수수료 할인 조건
포트폴리오 관련: 자산 클래스 다양성, 글로벌 분산 투자 가능성, 맞춤화 수준, 과거 성과 데이터 투명성, 리밸런싱 주기와 조건

기술 및 서비스: AI 알고리즘의 핵심 전략, 모바일 앱과 웹 인터페이스 사용성, 보고서와 데이터 시각화 도구, 고객 지원 서비스, 자동 적립식 투자 기능
보안 및 신뢰성: 금융 당국의 인허가 여부, 고객 자산 보관 방식, 데이터 보안 및 개인 정보 보호 정책, 서비스 운영 기간과 자산 규모

주의 사항

과장된 약속 주의: 지나치게 높은 수익률을 약속하는 서비스는 경계해야 한다.
투명성 확인: 불분명한 수수료 구조나 복잡한 약관이 있는 서비스는 확인이 필요하다.
실제 체험: 무료 체험 기간이나 데모 계정을 통해 실제 경험해 보는 것이 좋다.
사용자 후기: 다양한 서비스의 리뷰와 사용자 경험을 검토해야 한다(Fisch et al., 2019).
투자 철학 확인: 기술적 장점보다 투자 철학과 위험 관리 방식을 중점적으로 평가하는 것이 중요하다.

AI 투자 서비스 선택은 장기적인 자산 성장에 중요한 결정이므로, 충분히 비교하고 필요하다면 소액으로 시작하여 경험을 쌓는 것이 필요하다(Baker & Dellaert,

2018).

참고문헌

Baker, T., & Dellaert, B.(2018). Regulating robo advice across the financial services industry. *Iowa Law Review,* 103, p.713.

Beketov, et al.(2018). Robo Advisors: quantitative methods inside the robots. *Journal of Asset Management,* 19(6), pp.363–370.

D'Acunto, F., et. al.(2019). The promises and pitfalls of robo–advising. *The Review of Financial Studies,* 32(5), 1983–2020.

Fisch, J. E., et al.(2019). The emergence of the robo–advisor. *The Disruptive Impact of FinTech on Retirement Systems,* pp.13–37.

Jung, D., et al.(2018). Designing a robo–advisor for risk–averse, low–budget consumers. *Electronic Markets,* 28(3), pp.367–380.

03
AI 기반 투자 전략 이해

AI 기술의 발전으로 과거 대형 금융 기관만의 전유물이었던 고급 투자 전략들이 이제 개인 투자자에게도 접근 가능해졌다. AI 기반 투자 전략은 데이터 기반 의사 결정, 패턴 인식, 지속적 학습을 통해 감정을 배제하고 일관된 투자 결정을 가능하게 한다. 추세 추종, 평균 회귀, 모멘텀, 뉴스 기반 트레이딩 등 다양한 AI 투자 전략과 이를 자산 배분 및 리스크 관리에 활용하는 방법을 살펴본다.

AI와 난임 극복?

AI 투자 전략의 기본적인 작동 원리

데이터 기반 의사 결정

AI 투자의 첫 번째 핵심 원리는 감정이 아닌 데이터에 기반한 의사 결정이다. AI는 방대한 양의 데이터(가격, 거래량, 재무제표, 뉴스 등)를 수집하고 알고리즘을 통해 분석하며, 사전에 정의된 규칙이나 학습된 패턴에 따라 일관된 투자 결정을 내린다(López de Prado, 2018). 인간과 달리 감정의 영향 없이 대량의 데이터를 처리할 수 있는 장점이 있다.

패턴 인식과 예측 모델링

AI는 과거 데이터에서 패턴을 학습하고, 이를 바탕으로 미래 시장 움직임을 예측한다. 경제 지표 발표 후 나타나는 시장 반응 패턴, 주가와 거래량 간의 관계 패턴, 계절적 요인에 따른 주기적 움직임 등을 인식한다. 예측 모델링은 학습(Training), 검증(Validation), 예측(Prediction), 실행(Execution)의 단계로 이루어진다(Cavalcante et al., 2016).

지속적 학습과 적응

우수한 AI 시스템은 고정된 규칙만 따르지 않고 새로운 데이터와 시장 환경에 적응한다. 강화 학습, 온라인 학습, 앙상블 방법 등을 통해 투자 결정의 결과를 바탕으로 전략을 조정하고 실시간으로 모델을 업데이트한다.

주요 AI 투자 전략

추세 추종 전략(Trend Following)

"추세는 지속된다"는 기본 가정을 바탕으로 시장의 상승 또는 하락 추세를 식별하고 그 방향으로 투자한다(Chan, 2013). 이동평균선, MACD(Moving Average Convergence Divergence, 이동평균 수렴 · 확산 지표), RSI (Relative Strength Index, 상대 강도 지수) 등의 기술적 지표를 활용하여 추세의 강도와 방향을 판단한다. 중장기 투자를 선호하고 감정적 의사 결정을 피하려는 투자자에게 적합하며, 뚜렷한 상승 또는 하락 추세가 형성된 시장 환경에서 효과적이다.

평균 회귀 전략(Mean Reversion)

"가격은 결국 평균으로 회귀한다"는 가정을 바탕으로 한다. AI는 자산의 장기적인 평균 가격이나 밸류에이션 범위를 계산하고, 현재 가격이 이 평균에서 크게 벗어났는지 판단한다. 가격이 평균보다 크게 높으면 매도, 크게 낮으면 매수 신호를 생성한다. 가치 투자에 관심이 있고 시장의 과잉 반응을 활용하고자 하는 투자자에게 적합하다.

모멘텀 전략(Momentum)

"잘 오르던 자산은 계속 오르고, 잘 빠지던 자산은 계속 빠진다"는 가정을 바탕으로 한다. AI가 여러 자산의 최근 성과를 분석하여 상대적으로 강한 성과를 보인 자산을 식별하고 투자한다(Feng et al., 2020). 중단기 수익을 추구하는 적극적인 투자자와 특정 산업이나 섹터가 뚜렷하게 아웃퍼폼하는 시장 환경에 적합하다.

뉴스 기반 트레이딩(News-based Trading)

뉴스, 소셜 미디어, 기업 공시 등의 텍스트 데이터를 분석하여 투자 기회를 포착하는 전략이다. 자연어 처리(NLP) 기술로 텍스트의 감성(긍정/부정)과 중요도를 분석하고, 특정 자산에 대한 감성 점수와 시장 반응 사이의 관계를 학습하여 투자 신호를 생성한다. 이벤트 드리븐 투자에 관심이 있고 새로운 정보에 빠르게 반응하길 원하는 투자자에게 적합하다.

자산 배분 전략과 리밸런싱 전략 최적화

AI 자산 배분은 현대 포트폴리오 이론을 기반으로 하되, 더 복잡한 데이터와 알고리즘을 활용한다(López de Prado, 2016). 전통적 현대 포트폴리오 이론(Modern Portfolio Theory, MPT)과 달리, AI 강화 MPT는 경제 지표, 뉴스 감성, 대체 데이터 등 다양한 입력 데이터를 활용하고 다중 시간 프레임 분석과 동적 상관관계 모델링을 수행한다.

리밸런싱 전략의 최적화

AI는 다양한 리밸런싱 방식을 활용한다.

시간 기반 리밸런싱: 정해진 주기에 따라 리밸런싱

임계치 기반 리밸런싱: 자산 배분 비율이 설정된 임계치를 벗어날 때 리밸런싱

혼합형 리밸런싱: 시간과 임계치를 모두 고려

적응형 리밸런싱: 시장 상황에 따라 리밸런싱 빈도와 강도를 조정

리밸런싱의 주요 이점은 위험 관리, 수익 실현, 저가 매수 기회, 감정 배제를 통한 체계적인 매매다.

배당주 투자와 성장주 투자에 AI 활용

AI 기반 배당주 투자

AI는 배당주 평가에 다음 요소들을 종합적으로 분석한다.

배당 수익률: 현재 주가 대비 배당금 비율

배당 지속성: 장기간 안정적인 배당 지급 역사

배당 성장률: 배당금의 연간 증가율

배당 여력: 배당 성향, 프리캐시 플로 대비 배당금 비율

재무 안정성: 부채 비율, 이자 보상 배율 등 재무 건전성 지표

AI 기반 성장주 투자

AI는 성장주 평가에 다음 요소들을 분석한다.

매출 성장률: 최근 분기 및 연간 매출 증가 추세

이익 성장률: EPS(주당 순이익) 성장 추세

총 잠재 시장(Total Addressable Market, TAM): 진출 시장의 총규모와 성장성

혁신 지표: 연구개발(R&D) 투자, 특허 출원 수, 신제품 출시 주기

경쟁 우위: 시장 점유율 변화, 마진 유지 능력

투자 성향에 맞는 AI 전략 선택과 리스크 관리

투자 성향별 AI 전략 매칭

보수적 투자자: 배당 중심 AI 포트폴리오, 저변동성 ETF 기반 자산 배분, 평균 회귀 기반 보수적 리밸런싱
균형 투자자: 배당주와 성장주의 균형 있는 배분, 중간 강도의 모멘텀 필터 적용
공격적 투자자: 성장주 중심 AI 포트폴리오, 강한 모멘텀 기반 자산 선별, 섹터 로테이션 전략

AI 기반 리스크 관리 방법

최대 손실 제한: AI가 포트폴리오의 최대 예상 손실률을 계산하고 허용 가능한 손실 수준을 설정
동적 자산 배분: 시장 변동성 증가 시 방어적 자산 비중 확대
스마트 분산 투자: 자산 클래스 분산을 넘어선 리스크 요인 분산
손절매 전략의 지능화: 자산별 변동성 기반 손절매, 시장 상황에 따른 손절매 기준 조정

AI 투자 전략의 백테스팅과 검증

효과적인 백테스팅을 위해 충분한 데이터 기간, 현실적인 가정, 과적합 방지, 다양한 시나리오 테스트를 고려해야 한다. 백테스팅 결과 해석 시에는 과거 성과가 미래 성과를 보장하지 않음을 인지하고, 특정 기간에만 잘 작동하는 전략은 경계해야 한다. 수익률만큼 리스크 지표도 중요하게 평가하고 이해하기 어려운 블랙박스 전략은 신중하게 접근해야 한다.

참고문헌

Cavalcante, R. C., et al.(2016). Computational intelligence and financial markets: A survey and future directions. *Expert Systems with Applications*, 55, pp.194-211.

Chan, E. P.(2013). *Algorithmic trading: Winning strategies and their rationale*. John Wiley & Sons.

Feng, G., et al.(2020). Taming the factor zoo: A test of new factors. *The Journal of Finance*, 75(3), p1327-1370.

López de Prado, M.(2016). Building diversified portfolios that outperform out of sample. *The Journal of Portfolio Management*, 42(4), pp.59-69.

López de Prado, M.(2018). *Advances in financial machine learning*. John Wiley & Sons.

04
로보어드바이저 서비스 시작

로보어드바이저는 AI 기술로 자산을 자동 관리하는 혁신적 투자 서비스다. 계좌 개설부터 포트폴리오 구성, 효과적인 모니터링, 장기 전략 구축까지 단계별로 알아본다. 투자자 성향 분석을 통한 맞춤형 자산 배분, 정기 적립과 자동 리밸런싱의 이점, 생애 주기별 투자 전략을 파악하여 감정에 휘둘리지 않는 체계적인 투자의 길을 제시한다.

AI와 사주?

로보어드바이저 계좌 개설

로보어드바이저 계좌 개설 시 수수료 구조, 최소 투자 금액, 투자 가능 상품, 사용 편의성, 고객 지원 등을 고려하여 자신에게 적합한 서비스를 선택해야 한다(Chen et al., 2023).

회원 가입 및 실명 인증 절차를 거쳐 투자 계좌를 연결하는 방식으로 로보어드바이저 서비스를 시작할 수 있다.

서비스 유형

로보어드바이저 서비스 유형으로는 직접 증권사 계좌 개설형, 기존 계좌 연동형, 자문형 서비스가 있다. 직접 증권사 계좌 개설형은 로보어드바이저가 제휴한 증권사에서 새로운 계좌를 개설하는 방식으로 원활한 통합과 자동화된 거래 실행이 장점이다. 기존 계좌 연동형은 이미 보유 중인 증권사 계좌를 로보어드바이저와 연결하는 방식으로, 기존 계좌를 활용할 수 있고 익숙한 증권사를 이용할 수 있는 장점이 있다. 자문형 서비스는 투자 자문만 받고 실제 거래는 별도 계좌에서 직접 실행하는 방식으로, 최종 결정권을 보유하고 유연한 투자 실행이 가능하다(Sabeti et al., 2023).

대표적인 로보어드바이저 서비스로는 글로벌 시장에서 베터먼트(Betterment), 웰스프론트(Wealthfront) 슈와브 인텔리전트 포트폴리오(Schwab Intelligent Portfolios)가 있다. 베터먼트는 개인화된 재무 계획과 세금 효율화 전략이 강점으로, 수수료는 자산의 0.25%이다. 웰스프론트는 자동화된 세금 손실 수확 기능과 직접 지수화 전략이 특징이며, 최소 투자 금액은 $500이다. 슈와브 인텔리전트 포트폴리오는 수수료가 없는 대신 현금 비중을 높게 유지하는 특징이 있다. 한국에서는 KB증권의 도어, NH투자증권의 나무, 신한금투의 엠폴리오 등이 대표적이다. 도어는 AI 기반 알고리즘으로 10만 원부터 시작 가능하며, 나무는 ETF 기반 글로벌 자산 배분에 특화되어 있다. 엠폴리오는 다양한 테마형 포트폴리오를 제공하며 리밸런싱 기능이 강점이다(Fernández-Torrelles & Hurtado-González, 2022).

개인 투자 성향 분석 및 목표 설정

로보어드바이저는 투자자의 성향 설문 조사를 통해 위험 감수 수준을 파악하고, 이를 바탕으로 맞춤형 포트폴리오를 구성하여 제안한다(Ghosh et al., 2022).

효과적인 투자 목표 설정은 성공적인 투자의 핵심이

다. 효과적인 투자 목표는 SMART 원칙을 따르는 것이 좋다.

Specific(구체적): "자산 증식"보다는 "3년 내 3,000만 원 모으기"와 같이 구체적으로 설정

Measurable(측정 가능): 진행 상황을 추적할 수 있는 수치 목표

Achievable(달성 가능) 현실적인 범위 내의 목표

Relevant(관련성): 더 큰 인생 목표와 연결된 금융 목표

Time-bound(기한 있는): 명확한 시간 프레임 설정

투자 목표는 단기 목표(1~3년: 여행 자금, 긴급 자금), 중기 목표(3~7년: 주택 구입 자금, 자녀 교육비), 장기 목표(7년 이상: 은퇴 준비, 경제적 자유) 등으로 구분할 수 있다.

성과 모니터링 주요 지표

성과 모니터링 주요 지표로는 세 가지 범주가 있다. 절대 수익률에는 투자 시작 이후 총 수익률, 연 환산 수익률, 기간별 수익률이 포함된다. 상대 수익률에는 벤치마크 대비 성과, 동일 위험 수준의 다른 포트폴리오 대비 성과,

인플레이션 대비 실질 수익률이 있다. 리스크 지표로는 변동성(표준편차), 최대 낙폭(Maximum Drawdown), 샤프 지수(Sharpe Ratio)가 있다.

로보어드바이저의 성과는 단기적인 수익률보다는 장기적인 목표 달성 가능성, 리스크 대비 수익의 효율성 측면에서 평가하는 것이 중요하다(López-Penabad et al., 2021).

효과적인 모니터링 주기는 월간 또는 분기별이며 단기적인 변동성에 지나치게 반응하는 것은 피하는 것이 좋다. 제공되는 보고서 및 알림 기능을 적극적으로 활용하여 투자 전략을 점검하고 조정해야 한다.

정기 적립 투자 및 장기 전략 구축

정기 적립 투자는 장기적인 자산 구축의 핵심이며, 로보어드바이저를 통해 자동 설정할 수 있다. 자동 리밸런싱은 포트폴리오의 위험을 관리하고 목표 비중을 유지하는 데 중요한 역할을 한다.

투자 전략은 생애 주기별로 조정되어야 하며 초기 경력, 경력 성장기, 은퇴 준비기 등에 따라 적절한 자산 배분과 위험 감수 수준을 설정해야 한다. 초기 경력(20~30대 초반) 단계에서는 주식 80~90%, 채권 10~20%의 비중으로 성장 중심의 공격적 전략이 적합하다. 경력 성장기(30대 중반~40대)에는 주식 60~70%, 채권 20~30%, 대체 투자 5~10%의 균형 전략이 효과적이다. 자산 구축기(40대~50대)에서는 주식 50~60%, 채권 30~40%, 대체 투자 10%의 중도 보수적~균형 전략으로 조정하며, 은퇴 준비기(50대~60대)에는 주식 30~50%, 채권 40~60%, 현금성 10%의 보수적 전략으로 전환한다. 은퇴 후(60대 이상)에는 주식 20~40%, 채권 50~70%, 현금성 10~20%의 보수적 전략으로 원금 보존과 안정적 소득 창출에 집중한다.

장기 투자 성공을 위해서는 일관성 유지, 분산 투자 강화, 비용 최소화, 교육과 이해, 그리고 인내심과 감정 관리가 중요하다(Fernández-Torrelles & Hurtado-González, 2022).

실패 사례와 성공 사례를 통해 로보어드바이저 투자에서 중요한 교훈을 얻을 수 있다. A씨(35세)는 2020년 코로나로 인해 시장 급락 시 공포감에 모든 투자금을 인출하여 이후 회복장에서 소외되었고, B씨(27세)는 초기 수익에 고무되어 위험 성향을 공격적으로 변경했다가 변동성을 견디지 못하고 손실을 확정했다. C씨(42세)는 로보어드바이저 3개를 동시에 사용하며 중복 투자와 과도한 수수료를 부담하게 된 실패 사례다. 반면 성공 사례로는 D씨(29세)가 월 30만 원을 5년간 꾸준히 적립하여 2100만 원 투자금이 2800만 원으로 성장한 경우와 E씨(45세)가 시장 급락기에 추가 자금을 투입하는 역발상 전략으로 평균 매입가를 낮춘 사례가 있다. F씨(58세)는 은퇴를 앞두고 점진적으로 위험 수준을 낮추며 안정적인 포트폴리오를 구축한 성공 사례다. 성공적인 로보어드바이저 활용의 공통점은 감정에 휘둘리지 않는 일관된 투자, 장기적 관점의 유지, 그리고 자신의 상황에 맞는 적절한 위험 수준 설정이다.

참고문헌

Chen, L., et al.(2023). Financial investment using artificial intelligence: A comprehensive review of Robo-advisory services. *International Journal of Machine Learning and Cybernetics*, 14(5), pp.1459-1474.

Fernández-Torrelles, F., & Hurtado-González, J.(2022). The Impact of Artificial Intelligence in Robo-Advisory Services: A Study of Investor Trust and Decision-Making. *Decision Support Systems*, 153, 113668.

Ghosh, A., et al.(2022). Personalized Robo-Advising: Enhancing Investment Management with AI. *MIS Quarterly*, 46(3), pp.1377-1405.

López-Penabad, M. C., et al.(2021). Investor characteristics and

portfolio performance in robo-advisory platforms. *Journal of Financial Services Marketing*, 26(4), pp.309-322.
Sabeti, B., et al.(2023). Artificial intelligence in robo-advisors: Evolution of models and design challenges. *Expert Systems with Applications*, 217, 119489.

05
AI 신호 기반 직접 투자 실행

AI 기술의 발전으로 투자자들은 이제 AI의 분석력을 활용하면서도 최종 결정권을 직접 행사할 수 있는 새로운 투자 방식을 경험하고 있다. 로보어드바이저가 모든 과정을 자동화하는 것과 달리, 투자자가 직접 실행 주체가 되는 AI 투자 신호 서비스에 대해 알아본다. AI가 제공하는 다양한 투자 신호의 형태, 주요 서비스 유형과 특징, 그리고 이러한 신호를 활용한 효과적인 투자 실행 방법까지 체계적으로 접근하여 AI 시대에 걸맞은 투자 전략을 구축해 보자.

AI와 아이돌?

AI 투자 신호 서비스 개념

AI 투자 신호 서비스는 AI가 시장 데이터를 분석하여 투자 판단이나 추천을 제공하고, 실제 투자 실행은 투자자가 직접 하는 서비스다. 이는 로보어드바이저와 달리 투자에 대한 통제권을 투자자가 유지할 수 있는 특징이 있다.

로보어드바이저와 AI 투자 신호 서비스의 주요 차이점은 다음과 같다.

최종 결정권: 로보어드바이저는 AI 플랫폼에 있고, AI 투자 신호 서비스는 투자자 본인에게 있다.
실행 주체: 로보어드바이저는 자동 실행되고, AI 투자 신호 서비스는 투자자가 직접 실행한다.
필요한 투자 시간: 로보어드바이저는 매우 적고, AI 투자 신호 서비스는 중간 수준이다.
학습 곡선: 로보어드바이저는 완만하고, AI 투자 신호 서비스는 약간 가파르다.
맞춤화 수준: 로보어드바이저는 제한적이고, AI 투자 신호 서비스는 높다.
적합한 투자자: 로보어드바이저는 완전 초보자나 시간 없는 투자자에게, AI 투자 신호 서비스는 기본 지식 있는 초보~

중급 투자자에게 적합하다(López de Prado, 2018).

AI 투자 신호 서비스가 적합한 투자자는 다음과 같은 특성을 가진 사람들이다.

투자에 약간의 통제권을 유지하고 싶은 투자자

투자 지식을 키우면서 도움을 받고 싶은 투자자

AI의 분석력과 자신의 판단을 결합하고 싶은 투자자

특정 투자 전략이나 선호가 있는 투자자

투자 의사 결정 과정에 직접 참여하고 싶은 투자자(Baker & Ricciardi, 2014)

AI 투자 신호 서비스 종류와 특징

AI 투자 신호는 매수/매도 신호, 종목 추천, 포트폴리오 조정 제안, 시장 전망 등 다양한 형태로 제공된다.

주요 AI 투자 신호 서비스 종류와 특징은 다음과 같다.

AI 주식 스크리닝 서비스

개념: 수천 개의 주식이나 ETF 중에서 특정 조건을 만족하는 종목을 찾아주는 서비스다.

특징: 수백 가지 조건으로 종목 필터링, 사용자 정의 조건 설정 가능, 실시간 또는 정기적 스크리닝 결과를 제공한다.

▸ 대표 서비스

트레이딩뷰(TradingView): 전 세계적으로 3000만 명 이상의 사용자를 보유한 인기 차트 분석 및 스크리닝 플랫폼으로, 190개 이상의 필터 조건과 자체 스크립트 언어를 통해 맞춤형 스크리닝이 가능하다.

핀비즈(Finviz): 직관적인 시각화 도구와 함께 67개 이상의 기술적, 기본적 필터를 제공하며 일일 1500만 명 이상이 방문하는 인기 서비스다.

코이핀(Koyfin): 기관급 데이터와 분석을 개인 투자자에게 제공하는 올인원 플랫폼으로, 강력한 AI 기반 차트 및 스크리닝 기능을 갖추고 있다.

AI 종목 추천 서비스

개념: AI가 직접 매력적인 투자 종목이나 ETF를 분석하고 추천해 주는 서비스다.

특징: 기업의 재무제표, 성장성, 밸류에이션 등을 AI가 종합 분석, 점수화된 평가 시스템, 정기적 업데이트를 제공한다.

▸ 대표 서비스

시킹 알파 퀀트 레이팅(Seeking Alpha Quant Ratings): 8000개 이상의 주식을 성장, 가치, 수익성, 모멘텀, EPS(Earnings Per Share, 주당순이익) 서프라이즈 등 5가지 범주로 평가하며, 백테스트 결과 '강한 매수' 등급의 주식이 S&P 500을 크게 초과하는 수익을 거두었다.

팁랭크 스마트 스코어(TipRanks Smart Score): 빅데이터와 AI를 활용해 8개 부문에서 주식을 분석하고 1~10점 척도로 평가하며, 10점 만점 주식이 S&P 500 대비 우수한 성과를 보인다.

모닝스타 퀀티터티브 레이팅(Morningstar Quantitative Ratings): 전통적인 애널리스트 평가를 AI로 확장하여 4만 개 이상의 주식과 펀드에 별점 평가를 제공한다.

AI 기술적 분석 신호 서비스

개념: 주가 차트와 거래량 패턴을 AI가 분석해 미래 가격 움직임을 예측하는 서비스다.

특징: 주가 차트 패턴 자동 인식, 기술적 지표 기반 신호 생성, 다양한 시간대 분석을 제공한다.

▸ 대표 서비스

트레이드 아이디어(Trade Ideas): 실시간으로 시장을 스

캔하여 거래 기회를 포착하는 AI 시스템 '홀리(Holly)'를 운영하며, 일일 백만 개 이상의 거래 시나리오를 분석하고 평균 87.4%의 승률을 기록했다.

트렌드스파이더(TrendSpider): 자동화된 기술적 분석 도구로 AI가 추세선, 지지/저항선, 차트 패턴을 자동으로 식별하고 수백만 개의 데이터 포인트를 분석한다.

토글 AI(TOGGLE AI): 일일 4천만 개 이상의 데이터 포인트를 분석하여 주요 시장 패턴을 식별하고, 투자자별 맞춤형 인사이트를 제공한다.

AI 감성 분석 및 뉴스 기반 서비스

개념: 뉴스 기사, 소셜 미디어, 기업 발표 등의 텍스트를 분석하여 시장 감성을 평가하는 서비스다.

특징: 수만 개의 뉴스 기사와 소셜 미디어 포스트 실시간 분석, 긍정/부정/중립 감성 점수화, 특정 키워드나 이벤트에 대한 알림 설정이 가능하다.

▸ 대표 서비스

레이븐팩(RavenPack): 일일 250만 건 이상의 뉴스 및 소셜 미디어 콘텐츠를 분석하여 헤지 펀드, 은행 등 주요 금융 기관이 사용하는 정교한 감성 분석 데이터를 제공한다.

스톡트위츠(Stocktwits): 600만 명 이상의 활성 사용자를 보유한 투자자 소셜 네트워크로 AI가 실시간으로 트레이더 감성을 분석하고 불리시/베어리시 지표를 제공한다.

레피니티브 마켓사이 애널리틱스(Refinitiv Market-Psych Analytics): 전 세계 2000개 이상의 뉴스 소스와 소셜 미디어를 분석하여 180개 국가와 9500개 기업에 대한 실시간 감성 지표를 제공한다.

AI 투자 신호에 기반한 투자 실행

AI 투자 신호에 기반한 투자 실행은 다음과 같은 단계로 이루어진다.

투자 실행 전 준비 사항

AI 신호 검증하기: 여러 AI 서비스의 신호 일치 여부 확인, 다른 분석 방법으로 추가 검증, 최신 뉴스나 이벤트 확인이 필요하다.

투자 계획 수립하기: 투자 금액 결정, 목표 수익률 설정, 손절매 계획 수립, 투자 기간 설정이 중요하다(Baker & Ricciardi, 2014).

단계별 투자 실행 과정

분할 매수 전략: 계획한 총 투자 금액을 2~3회에 나누어 매수, 시간을 분산한 매수, 가격 기준 분할 매수가 효과적이다.

적절한 주문 유형 선택: 시장가 주문, 지정가 주문, 조건부 주문 중 상황에 맞는 것을 선택한다.

주문 실행 및 확인: 증권사 앱/웹에서 종목 검색, 매수/매도 화면에서 수량과 가격 입력, 주문 내용 재확인, 주문 실행, 체결 내역 확인 과정이다(Lopez de Prado, 2020).

포지션 관리 및 모니터링

정기적 모니터링 계획: 일일 확인, 주간 점검, 월간 심층 분석으로 구성된다.

손익 관리 전략: 손절매 규칙을 준수하고, 이익 실현 전략을 세우고, 추가 투자 기준을 명확히 설정한다.

포지션 조정 기준: AI 신호 변화 시, 기업 펀더멘털에 중요한 변화 발생 시, 시장 환경에 큰 변화가 있을 때 포지션을 조정한다(Fischer & Krauss, 2018).

투자 저널 작성과 AI 신호 성과 검증

투자 저널 작성과 AI 신호 성과 검증은 투자 기술을 향상하는 핵심 요소다.

투자 저널의 중요성

학습 도구: 성공과 실패 경험을 통해 지속적으로 학습하고 투자 패턴을 인식할 수 있다.

감정 관리: 투자 당시의 감정과 결정 과정을 기록하여 감정적 패턴을 인식하고 통제할 수 있다.

전략 개선: 어떤 AI 신호와 전략이 효과적이고 어떤 것이 그렇지 않은지 객관적으로 파악할 수 있다.

책임감 강화: 투자 결정에 더 책임감을 가지고 신중하게 접근하는 습관을 형성한다(Wu & Olson, 2020).

효과적인 투자 저널 형식

기본 정보: 날짜, 종목, 매매 행동(매수/매도), 가격, 수량 기록이 필요하다.

투자 근거: 사용한 AI 신호 유형, 추가 검증 방법, 관련 뉴스나 이벤트 등을 상세히 기록한다.

심리 상태: 투자 당시의 감정과 확신 정도를 솔직하게 기록한다.

목표 및 계획: 목표 가격, 손절매 가격, 예상 보유 기간, 재평가 계획을 명확히 설정한다.
결과 및 교훈: 투자 결과와 배운 점을 추후에 추가하여 학습을 완성한다(López de Prado, 2020).

AI 신호 성과 측정과 개선

기본 성과 지표: 승률, 손익비, 기대 수익 등의 지표를 체계적으로 기록하고 분석한다.
AI 신호별 성과 추적: AI 신호 유형별로 거래 결과를 분류하여 어떤 신호가 더 효과적인지 파악한다.
스프레드시트 활용: 날짜, 종목, AI 신호 유형, 매수가, 매도가, 수익률, 결과 등을 체계적으로 기록한다.
시장 환경별 분석: 상승장, 하락장, 횡보장 등 다양한 시장 환경에서 각 AI 신호의 성과를 별도로 분석한다(Chen et al., 2022).

감정 관리와 투자 심리 안정화 전략

감정 트리거 인식: 급격한 시장 하락, 주변인의 투자 성공담, 손실 발생 등 감정을 자극하는 상황을 인식하고 대응 전략을 마련한다.
자동화 활용: 사전 지정된 매매 규칙을 설정하여 감정적

의사 결정을 최소화한다.
냉각 기간 설정: 중요한 투자 결정 전 24~72시간의 냉각 기간을 두어 충동적 결정을 방지한다.
투자 원칙 문서화: 감정적 상황에서 참조할 수 있는 개인 투자 지침서를 작성하고 정기적으로 검토한다(Jayanth et al., 2022).

참고문헌

Baker & Ricciardi(2014). *Investor Behavior: The Psychology of Financial Planning and Investing.* Wiley.

Chen., et al.(2022). AI-powered quantitative investment: Challenges and opportunities. *Journal of Investment Management,* 20(1), pp.1-17.

Fischer & Krauss(2018). Deep learning with long short-term memory networks for financial market predictions. *European Journal of Operational Research,* 270(2).

Jayanth, R., et al.(2022). Forecasting stock market price using machine learning and deep learning techniques. *Global Transitions Proceedings,* 3(1), pp.295-301.

Jiang, Z., et al.(2022). Applications of deep reinforcement learning in stock trading strategies: A systematic literature review. *Applied Soft Computing,* 115, pp.108-121.

López de Prado, M(2018). *Advances in Financial Machine Learning.* Wiley.

López de Prado, M.(2020). *Machine learning for asset managers.* Cambridge University Press.

Wu, D., & Olson, D. L.(2020). Artificial intelligence in finance and investment. *Financial Innovation,* 6, pp.1−14.

06
AI를 활용한 ETF 배분 비율 최적화: SCHD와 QQQ 집중 분석

ETF 투자는 분산 투자와 낮은 수수료로 개인 투자자에게 인기 있는 투자 방식이다. 특히 SCHD와 QQQ는 각각 배당 중심의 가치 투자와 기술 중심의 성장 투자를 대표하는 ETF로, 서로 다른 특성을 활용한 포트폴리오 구성이 가능하다. AI 기술을 활용하여 두 ETF의 최적 배분 비율을 찾고, 실제 투자 전략과 리스크 관리 방법을 알아본다.

AI와 야구?

SCHD와 QQQ ETF의 특성 및 과거 성과 분석

SCHD(Schwab U.S. Dividend Equity ETF)는 안정적인 배당 성향의 미국 기업에 투자하는 ETF이고, QQQ (Invesco QQQ Trust)는 기술 성장주 중심의 나스닥 100 지수를 추종하는 ETF다. 이 두 ETF는 상반된 특성을 가지고 있어 포트폴리오의 안정성과 성장성을 동시에 추구하는 데 유용하다(Tran et al., 2022).

SCHD는 고품질 배당주에 투자하는 투자 철학을 가지며, 약 100개 기업으로 구성되어 있다. 주요 보유 종목으로는 브로드컴, 시스코, 홈디포, 코카콜라, 머크 등이 있으며 금융, 헬스케어, 필수소비재, IT 등에 분산되어 있다. 배당 수익률은 약 3~4%이고 경비율은 0.06%로 매우 낮은 수준이다. 주요 매력 포인트로는 안정적인 배당 수익과 배당 성장 잠재력, 양질의 가치주 중심 구성으로 하락장에서 방어력 우수, 장기 복리 효과를 극대화할 수 있는 배당 재투자 기회 등이 있다.

QQQ는 나스닥 100 지수의 기업들에 투자하는 투자 철학을 가지며, 약 100개 기업으로 구성되어 있다. 주요 보유 종목으로는 애플, 마이크로소프트, 엔비디아, 아마존, 메타 등이 있으며 IT, 커뮤니케이션 서비스, 소비재 중심으로 구성되어 있다. 배당 수익률은 약 0.5~0.7%로 낮은 수준이며 경비율은 0.20%다. 주요 매력 포인트로는 혁신 기업과 성장 산업에 집중 투자, 장기적으로 높은 자본 이득 잠재력, 글로벌 디지털 경제의 수혜 가능성 등이 있다.

과거 성과 비교에서 SCHD는 2011년 출시 이후 연평균 수익률(CAGR)이 약 13~14%이며, 최대 낙폭(MDD)은 약 35%(2020년 코로나 위기 시)였다. 배당 성장률은 연평균 8~10%이고 변동성은 중간 수준(S&P 500보다 약간 낮음)이다. QQQ는 1999년 출시 이후 최근 10년 연평균 수익률(CAGR)이 약 15~16%이며, 최대 낙폭(MDD)은 닷컴 버블 붕괴 시 약 70%, 2022년 하락장에서 약 45%였다. 배당 성장률은 낮고(성장 재투자 중심), 변동성은 높은 수준(S&P 500보다 약 20~30% 높음)이다.

AI를 활용한 ETF 배분 비율 최적화 방법

AI를 활용한 ETF 배분 비율 최적화 방법은 현대 포트폴리오 이론과 AI를 결합한 형태로 실행된다. 분산 투자의 효과로 서로 다른 특성을 가진 자산에 분산 투자하면 전체 포트폴리오의 리스크를 낮출 수 있으며, SCHD와

QQQ는 완벽한 상관관계를 가지지 않으므로 두 자산을 조합하면 변동성을 줄이면서 수익은 유지할 수 있다(Hoang & Huynh, 2023). AI 최적화의 접근법으로는 먼저 투자 목표(수익 최대화, 변동성 최소화, 균형), 투자 기간(3년, 5년, 10년 이상), 위험 감수 성향(보수적, 중립적, 공격적)을 정의한다. 그다음 AI 모델(효율적 프론티어 AI 최적화, 머신 러닝 기반 자산 배분, 딥러닝과 강화 학습을 활용한 동적 자산 배분)을 선택하고 데이터(과거 수익률 데이터, 경제 지표, 시장 심리 지표)를 입력한 후, 제약 조건(최소/최대 배분 비율, 리밸런싱 빈도, 최대 허용 가능 낙폭)을 설정한다. 초보자를 위한 간소화된 AI 접근법으로는 포트폴리오 비주얼라이저(Portfolio Visualizer)와 같은 무료 AI 포트폴리오 분석 도구를 활용할 수 있다.

리스크 감수 성향별 최적 배분 사례로는 보수적 투자자(안정성 중시)는 SCHD 75% + QQQ 25%, 균형적 투자자(중립적 성향)는 SCHD 55% + QQQ 45%, 공격적 투자자(성장 중시)는 SCHD 35% + QQQ 65%를 AI 최적화 결과로 제시한다(Wong & Li, 2021).

1억 원 기준 포트폴리오 구성과 예상 수익 시나리오

1억 원 기준 포트폴리오 구성 예시로는 균형적 포트폴리오(SCHD 55%, QQQ 45%)의 경우, SCHD에 5500만 원, QQQ에 4500만 원을 배분한다. 실제 투자 실행 계획은 초기에 총액의 50%(SCHD 2750만 원, QQQ 2250만 원), 1개월 후 25%(SCHD 1375만 원, QQQ 1125만 원), 2개월 후 나머지 25%(SCHD 1375만 원, QQQ 1125만 원)를 투자하는 방식이다. 추가로 월 100만 원(SCHD 55만 원, QQQ 45만 원)의 정기 투자와 연 2회 리밸런싱을 계획한다.

예상 수익 시나리오로는 균형적 포트폴리오(SCHD 55%, QQQ 45%)의 경우, 5년 후 비관적 시나리오(연평균 수익률 7%)에서 약 1억4000만 원, 기본 시나리오(12%)에서 약 1억7600만 원, 낙관적 시나리오(15%)에서 약 2억 원의 자산 가치가 예상된다. 10년 후에는 비관적 시나리오에서 약 1억9600만 원, 기본 시나리오에서 약 3억1000만 원, 낙관적 시나리오에서 약 4억500만 원이 예상된다. 20년 후에는 비관적 시나리오에서 약 3억8700만 원, 기본 시나리오에서 약 9억6400만 원, 낙관적 시나리오에서 약 16억4000만 원이 예상된다.

개인 투자자를 위한 ETF 매수 타이밍과 리밸런싱 전략

개인 투자자를 위한 ETF 매수 타이밍 전략으로는 AI 기반 매수 시그널을 활용할 수 있다. 기술적 지표[RSI(상대강도 지수)가 30 이하, 200일 이동평균선 근처, MACD(이동평균 수렴 · 확신 지수) 반등 신호], 시장 심리 지표[VIX(Volatility Index, 변동성 지수)가 30 이상 상승, CNN Fear & Greed Index(공포와 탐욕 지수)가 "극도의 공포" 구간], 뉴스 감성 분석 등을 참고할 수 있다. 초보자를 위한 단순화된 매수 전략으로는 ETF가 3개월 고점 대비 10~15% 하락 시 계획 금액의 1/3 투자, 20% 이상 하락 시 2/3 투자, 광범위한 시장 패닉 상황에서 비상금 일부를 활용한 추가 매수 등이 있다.

리밸런싱 전략으로는 정기 리밸런싱(연 1~2회), 밴드 리밸런싱(±5% 이상 이탈 시), 혼합 리밸런싱(정기+밴드), AI 최적화 리밸런싱 등이 있다. 초보 투자자에게는 반기별 점검과 연간 리밸런싱이 실용적이다.

SCHD와 QQQ에 대한 실전 투자 방법으로는 분할 매수, 정기적인 배당금 재투자, 분기별 포트폴리오 성과 평가, 연 2회 리밸런싱 검토 등이 있다.

미국 주식 투자의 세금 및 환율 리스크 관리

해외 ETF 투자 시에는 환율 변동 위험을 고려해야 하며, 분할 투자, 환율 동향 고려, 통화 분산 등의 방법을 통해 관리할 수 있다.

해외 증권사 선택 시에는 수수료, 플랫폼 기능 등을 비교해야 한다. SCHD와 QQQ 투자 전략의 핵심은 투자자의 나이와 위험 성향에 맞는 적절한 배분 비율 설정, 분할 매수, 정기적인 리밸런싱, 세금 및 환율 리스크 관리다.

참고문헌

Hoang, T. C., & Huynh, H. D.(2023). Machine learning approaches for optimal portfolio allocation: A comparative study of dividend and growth ETFs. *Journal of Financial Markets*, 18(3), pp.475-492.

Tran, K. L., et al.(2022). Dividend versus growth: Performance analysis of SCHD and QQQ ETFs in different market cycles. *International Journal of Finance*, 14(2), pp.143-165.

Wong, B. J., & Li, K. S.(2021). Risk-adjusted performance of hybrid ETF portfolios using artificial intelligence optimization. *Journal of Investment Management*, 9(1), pp.78-96.

07
AI 투자 서비스 성과 평가와 최적화

AI 투자 서비스를 효과적으로 활용하기 위해서는 객관적인 성과 평가와 지속적인 최적화가 필수다. 투자 성과를 측정하는 핵심 지표부터 다양한 시장 환경에서의 성과 평가, 포트폴리오 다각화 전략, 그리고 서비스 변경 또는 보완 시점 판단까지 체계적으로 살펴본다. 이를 통해 AI 기술이 제공하는 혁신적 투자 도구를 최대한 활용하는 방법을 배울 수 있다.

AI와 윤동주?

투자 성과 지표 이해

AI 투자 서비스의 효과적인 활용을 위해서는 객관적인 성과 평가와 지속적인 최적화가 필수적이다(López de Prado, 2020).

단순 수익률은 초기 투자금 대비 수익을 나타내는 지표다.

CAGR(연평균 성장률)은 연간 복리 수익률을 나타내며, 다른 투자 상품이나 벤치마크와 비교할 때 더 유용하다 (Arnott et al., 2021).

시간 가중 수익률(TWR)은 정기적인 입출금이 있는 경우 순수한 투자 성과를 측정한다.

샤프 지수는 리스크 대비 초과 수익을 평가하는 지표로, 투자의 효율성을 측정한다.

솔티노 지수는 하락 위험만 고려하는 샤프 지수의 변형이다.

최대 낙폭(MDD)은 포트폴리오가 최고점에서 최저점까지 하락한 최대 비율을 의미한다.

AI 서비스별 성과 분석 및 벤치마크 비교 방법

적절한 벤치마크 선택이 중요하며 자신의 투자와 유사한 리스크 수준의 대표적인 지수를 선택해야 한다.

AI 투자 서비스 유형별로 적합한 벤치마크가 다르다(보수적, 균형형, 공격적 로보어드바이저 등).

성과 분석을 위한 기간 설정은 1개월(의미 적음), 3개월(단기 트렌드), 1년(의미 있는 단기 성과), 3년(전략 유효성 검증), 5년 이상(장기 성과의 신뢰성 높음)으로 구분된다(Chen & Ge, 2022).

초과 수익률(알파)은 벤치마크 대비 추가로 창출한 수익을 의미하며, 로보어드바이저나 AI 투자 서비스가 지속적으로 기대할 수 있는 초과 수익률은 연 1~2% 수준이다.

다양한 시장 환경에서의 성과 평가

투자 전략의 진정한 가치는 다양한 시장 환경에서 얼마나 안정적으로 작동하는지에 따라 결정된다.

시장 환경은 강세장(Bull Market), 약세장(Bear Market), 횡보장(Sideways Market)으로 구분된다.

강세장에서는 상승 캡처율(Upside Capture Ratio)을 중점적으로 평가하며, AI 서비스 유형별로 기대 성과가 다르다.

약세장에서는 하락 캡처율(Downside Capture Ratio)을 중점적으로 평가하며, 하락 캡처율이 낮을수록 방어력이 우수한 전략이다(López de Prado, 2020).

횡보장에서는 절대 수익률과 변동성을 중점적으로 평가하며, 횡보장에서 좋은 성과를 내는 AI 전략은 일반적으로 평균 회귀 기반 알고리즘이나 모멘텀 전략을 활용하는 경우가 많다.

포트폴리오 다각화를 통한 리스크 관리 전략

AI 서비스 간 다각화는 투자 철학이 다른 서비스를 조합하고, 상관관계가 낮은 서비스를 선택하여 리스크를 분산한다.

자산 클래스 간 다각화는 주식, 채권, 대체 투자, 현금성 자산 등 다양한 자산 클래스에 투자하여 리스크를 분산한다(Feng et al., 2023).

투자 전략 간 다각화는 패시브 전략, 스마트 베타 전략, 액티브 전략 등 다양한 투자 전략을 조합하여 리스크를 관리한다.

시간 다각화는 달러 코스트 애버리징(DCA), 가치 평균법, 계단식 투자 등 투자 시점을 분산하여 시장 타이밍 리스크를 줄이는 전략이다.

투자 성과에 따른 AI 서비스 변경 또는 보완 시점 판단

AI 서비스 평가 주기는 월 1회(간단 점검), 분기 1회(중간 평가), 연 1~2회(심층 평가), 3년 주기(전체 재평가)로 설정하는 것이 바람직하다.

서비스 변경을 고려해야 할 신호로는 지속적인 성과 부진(연속 3분기 이상 벤치마크 대비 3% 이상 낮은 성과), 과도한 리스크, 일관성 부재, 운영 문제 등이 있다(D'Acunto et al., 2022).

단계적 서비스 전환 전략은 평가 및 리서치(1~2개월), 소액 테스트(3~6개월), 점진적 이전(6~12개월), 완전 전환 또는 분산 유지 단계로 접근하는 것이 효과적이다.

서비스 보완 전략으로는 맞춤형 조정 요청, 보완적 서비스 추가, 직접 투자 요소 추가 등이 있으며, 이는 기존 서비스의 기본 틀을 유지하면서도 특정 약점을 보완할 수 있다.

장기적 AI 투자 성과 최적화를 위한 핵심 전략

목표 중심 접근법은 투자의 궁극적인 목적을 구체화하고 목표 기반 성과 평가에 집중하며, 투자 성과에 따라 목표 달성 경로를 주기적으로 재평가한다(Mazur et al., 2023).

행동 편향 극복하기는 확증 편향, 손실 회피 편향, 과신, 처분 효과 등 투자자의 행동 편향을 인식하고 이를 극복하기 위한 전략을 수립하는 전략이다.

지속적 학습과 적응은 정기적 지식 업데이트, 실패로부터 배우기, 피드백 루프 구축, AI 이해도 향상 등을 통해 변화하는 투자 환경에 적응하는 것을 의미한다.

장기 복리 효과 극대화는 투자 기간 연장, 비용 최소화, 정기적 추가 투자, 배당 재투자 등을 통해 복리 효과를 극대화하는 전략이다.

참고문헌

Arnott, R. D., et al.(2021). Reports of Value's Death May Be Greatly Exaggerated. *Financial Analysts Journal*, 77(1), pp.44-67.

Chen, L., & Ge, L.(2022). Do robo-advisors improve investors' portfolio performance? Evidence from a comprehensive study on risk-adjusted performance. *Journal of Banking & Finance*, 138, 106409.

D'Acunto, F., et al.(2022). Artificial intelligence and investment recommendations. *Journal of Financial Economics*, 146(3), pp.1012-1031.

Feng, G., et al.(2023). Deep Learning for Asset Pricing.

Management Science, 69(5), pp.2883–2905.
López de Prado, M.(2020). *Machine Learning for Asset Managers.* Cambridge University Press.
Mazur, M., et al.(2023). Robo–advisors: A portfolio optimization perspective. *Financial Innovation,* 9(1), p.30.

08
개인 투자자의 AI 서비스 사용 시 주의 사항

AI 투자 서비스는 다양한 장점과 기회를 제공하지만, 이를 효과적으로 활용하기 위해서는 주의 사항을 반드시 인지해야 한다. 8장에서는 개인 투자자가 AI 투자 서비스 사용 시 알아두어야 할 근본적 한계, 과대 마케팅 식별법, 과적합 문제, 블랙스완 이벤트 대응 전략, 데이터 보안 체크 포인트, 감정적 의사 결정과 AI 추천 간의 균형에 대해 다룬다.

AI와 한의학?

AI 투자 서비스의 한계와 과대 마케팅 식별

AI 투자 서비스 사용 시에는 근본적인 한계(과거 데이터 의존성, 블랙박스 문제, 감정 이해 부족, 기술적 취약성)를 이해하고(López de Prado, 2020), 과대 마케팅(비현실적 수익률, 완벽한 예측, 복잡한 용어 남용, 검증 불가능한 실적)에 주의해야 한다.

신뢰할 수 있는 AI 투자 서비스는 투명성, 규제 준수, 실제 실적, 교육적 접근, 긍정적인 사용자 리뷰 및 평판을 갖추고 있다(Barberá et al. 2022).

과적합(Overfitting)은 AI 모델이 과거 데이터에 너무 맞춰져 실제 시장에서 제대로 작동하지 않는 현상이며, 백테스트 결과 해석 시 미래는 과거와 다르다는 점, 생존 편향, 시장 구조 변화, 유동성 차이, 운영 비용 누락 등을 고려하여 현실적인 기대치를 설정해야 한다(Chen et al., 2023).

블랙스완 이벤트와 시장 급변동 시 대응 전략

블랙스완 이벤트는 매우 드물고 예측하기 어렵지만 발생했을 때 엄청난 영향을 미치는 사건이다. 주요 사례로는 2008년 글로벌 금융위기, 2020년 코로나19 팬데믹, 2022년 러시아 · 우크라이나 전쟁이 있고, 2025년에는 트럼프 집권 2기가 시작되어 정치적으로 추진하는 관세 전쟁이 주가를 요동치게 하고 있다.

AI는 블랙스완 상황에서 훈련 데이터 한계, 상관관계 변화, 유동성 가정 붕괴, 시스템 과부하 등의 취약점을 가진다(Jagtiani & John, 2022).

블랙스완 이벤트 대비 전략으로는 진정한 분산 투자(서로 다른 상관관계를 가진 자산 클래스 포함), 꼬리 위험 헤지(극단적 하락에 대비한 소규모 헤지 포지션), 현금 쿠션 유지(포트폴리오의 일정 부분을 현금이나 초단기 채권으로 유지), 스트레스 테스트 실시(극단적 시나리오에서 포트폴리오 반응 시뮬레이션)가 있다.

실시간 위기 대응 전략으로는 사전에 계획 수립(시장 급락 시나리오별 행동 계획 미리 준비), 감정 배제(공포나 패닉에 휩쓸리지 않고 계획에 따른 차분한 대응), 단계적 대응(자금을 한 번에 모두 투입하지 않고 단계적으로 대응), 뉴스 소비 관리(신뢰할 수 있는 소수의 정보 소스만 선별적으로 확인)가 필요하다.

위기 상황에서의 절대 금기사항은 공포에 의한 전체 포지션 청산, AI 시스템 설정 급격한 변경, 레버리지를 통한 '한 방' 회복 시도, 손실 만회를 위한 무리한 고위험 투자 등이다.

감정적 의사 결정과 AI 추천의 균형 맞추기

투자에서 감정은 양날의 검과 같다. 인간의 직관이 때로는 도움이 되지만, 대부분 감정은 합리적 의사 결정을 방해한다(Butler & Kwon, 2021).

투자에 부정적 영향을 미치는 주요 감정으로는 공포(시장 하락 시 패닉 매도, 장기 관점 상실), 탐욕(과도한 위험 감수, 집중 투자, 레버리지 과용), 후회 회피(손실 확정 거부, 필요한 포트폴리오 조정 지연), 확증 편향(자신의 견해를 지지하는 정보만 선택적으로 수용) 등이 있다.

AI와 인간 판단의 강점을 적절히 조합하면 더 나은 투자 결과를 얻을 수 있다. AI는 방대한 데이터 처리, 감정에 좌우되지 않음, 지속적인 모니터링, 미세한 패턴 인식, 일관된 규칙 적용에 강점이 있고 인간은 맥락과 상황 이해, 창의적 문제 해결, 윤리적/가치 기반 판단, 예외적 상황 적응력, 복잡한 사회적 요소 고려에 강점이 있다.

효과적인 협업 모델로는 80/20 원칙(투자 결정의 80%는 AI 권장을 따르고 20%는 인간의 판단으로 조정), 의사 결정 권한 분리(정상 시장 환경에서는 AI에 더 많은 자율성 부여, 극단적 시장 환경에서는 인간의 개입 비중 확대), 계층적 접근법(전략적 의사 결정은 인간 주도, 전술적 실행은 AI 주도)을 고려할 수 있다(Cao et al. 2021).

AI 제안을 검토할 때는 무결성 확인(AI 제안이 전체적으로 일관성이 있는지), 근거 평가(AI가 제시하는 근거의 품질), 외부 검증(다른 소스를 통한 크로스 체크), 시나리오 분석("만약 ~하면 어떻게 될까?"라는 질문)의 체계적인 프레임워크를 활용해야 한다.

감정과 인지 편향을 극복하기 위해 냉각 기간 설정(중요한 투자 결정 전 24~72시간의 대기 시간), 투자 일지 작성(투자 결정과 당시 감정 상태 기록), 명상과 마음 챙김(정기적인 명상으로 감정적 반응 인식 능력 향상), 자동화 활용(감정 개입 여지를 줄이기 위한 자동 투자 설정) 등의 기법을 사용할 수 있다.

AI 투자 서비스를 이용할 때는 개인 금융 정보 노출, 투자 패턴 데이터 악용, 서비스 취약점 공격, 데이터 수집 범위 불투명 등의 데이터 보안 위험을 인지하고 규제 및 인증 확인, 보안 기능 확인, 안전한 기기 및 네트워크 사용, 개인정보 노출 최소화 등의 노력을 기울여야 한다.

기술 발전에 따라 개인화 증가, 투명성 향상, 다중 AI 통합, 적응형 학습 강화 등의 트렌드에 맞춰 투자자도 지속적으로 학습하고 적응해야 하며 AI를 도구로 인식하고 장기적인 관점을 유지하는 것이 중요하다.

참고문헌

Barberá, M. G., et al.(2022). Robo-advisors: Exploring FinTech business models and assessing the impact of regulatory and legal frameworks. *Journal of Financial Regulation and Compliance,* 30(1), pp.37-54.

Butler, J. C., & Kwon, J. H.(2021). The psychological factors affecting investment decisions in the era of artificial intelligence: A systematic review. *International Journal of Financial Studies,* 9(3), pp.45-63.

Cao, L., et al.(2021). Combining artificial intelligence with human intelligence in investment strategies: A hybrid approach for portfolio management. *Journal of Investment Management,* 19(2), pp.41-59.

Chen, X., et al.(2023). Machine learning in algorithmic trading: Challenges, overfitting issues, and practical solutions. *Journal of Financial Data Science,* 5(2), pp.112-130.

Jagtiani, J., & John, K.(2022). Fintech and the risks of black swan events: Evidence from the COVID-19 pandemic. *Journal of Financial Services Research,* 61(2), pp.145-167.

López de Prado, M.(2020). Financial machine learning as a distinct subject. *The Journal of Financial Data Science,* 2(1), pp.9-14.

09

개인 맞춤형 AI 투자 서비스 구성

개인 맞춤형 AI 투자 서비스 구성은 투자자의 고유한 상황과 목표에 최적화된 접근법을 제공한다. 단일 AI 서비스만으로는 다양한 투자 요구를 충족하기 어렵기에, 여러 서비스를 전략적으로 조합하는 것이 중요하다. AI 서비스 조합 전략, 기본-위성 포트폴리오 구성, 생애 주기별 조정 방법, 재무 목표별 활용 사례, 투자 금액 증가에 따른 전략 변화를 살펴본다.

AI와 화장품?

여러 AI 서비스의 조합을 통한 맞춤형 투자 시스템 구축

하나의 AI 서비스로는 모든 요구 사항을 충족하기 어려우므로, 여러 AI 서비스를 조합하여 자신만의 맞춤형 투자 시스템을 구축하는 것이 유리하다. 다중 AI 서비스 활용은 리스크 분산, 다양한 투자 전략 접근, 맞춤형 설루션(solution) 구성, 전문화된 영역 접근 등의 이점을 제공한다(Chen et al., 2022).

서비스 유형별 조합 전략으로는 다양한 기본 패턴이 있다. 로보어드바이저 + AI 투자 신호 서비스 조합은 자산의 70~80%를 로보어드바이저로 포트폴리오 기반을 구축하고, 20~30%는 AI 신호 기반으로 전술적 기회를 포착한다. 보수적 로보어드바이저 + 공격적 로보어드바이저 조합은 나이와 위험 성향에 따라 50:50에서 80:20까지 비율을 조정한다(Lopez-Martin et al., 2023). 자산 클래스별 특화 AI 서비스는 주식, 채권, 대체 투자 등 각 자산 클래스에 특화된 AI 서비스를 활용하여 자산 배분 목표에 따라 비율을 조정한다.

AI 서비스 간 시너지 극대화 방법에는 여러 전략이 있다. 상관관계가 낮은 서비스 선택은 두 서비스의 과거 수익률 상관관계를 분석하여 상관계수 0.7 이하인 서비스

끼리 조합하는 방식이다. 서로 다른 시장 환경에 강한 서비스 조합은 상승장 강세 서비스와 하락장 방어력 우수 서비스를 함께 활용한다. 정보 흐름 최적화는 한 서비스의 분석 결과를 다른 서비스의 입력으로 활용하는 방식으로, AI 마켓 타이밍 신호에 따라 로보어드바이저 리스크 수준을 조정하는 사례가 있다(Kou et al., 2021).

기본 포트폴리오와 위성 포트폴리오 구성 전략

기본 포트폴리오와 위성 포트폴리오 구성 전략은 코어-새틀라이트 전략으로 불리며, 안정성과 성장 기회를 균형 있게 추구할 수 있다. 기본(코어) 포트폴리오는 전체 자산의 60~80%를 차지하며, 안정적이고 분산된 장기 투자 중심으로 시장 수익률 추종을 목표로 한다. 위성(새틀라이트) 포트폴리오는 전체 자산의 20~40%를 차지하며, 특정 기회나 테마에 집중하여 초과 수익을 추구한다(Renzetti et al., 2023). 이 전략의 이점은 안정성과 기회의 균형, 투자 유연성, 심리적 안정감을 제공하는 것이다.

기본 포트폴리오 구성에는 글로벌 자산 배분 로보어드바이저나 저비용 스마트 베타 ETF 선별 AI 등이 적합하다. 리스크 성향별로 보수적(주식 30~40%, 채권 50

~60%), 균형적(주식 50~60%, 채권 30~40%), 공격적(주식 70~80%, 채권 10~20%) 배분이 가능하다. 구축 시에는 비용 효율성, 단순성과 투명성, 리밸런싱 전략을 고려해야 한다.

위성 포트폴리오 구성에는 AI 주식 신호 서비스, AI 섹터 로테이션 서비스, AI 테마 투자 서비스, AI 기반 헤지 전략 등이 적합하다(Zhang & Kutan, 2023). 섹터 집중형, 개별 주식형, 테마 투자형, 전술적 타이밍형 등 다양한 유형의 위성 포트폴리오를 구성할 수 있다. 관리 전략으로는 순환 투자, 실험 후 확장, 시장 환경 연계 등이 활용된다.

라이프 사이클에 따른 AI 투자 전략

라이프 사이클에 따른 AI 투자 전략 조정 방법은 생애 주기 단계별 투자 목표와 전략 변화를 고려한다.

초기 사회 진출기(20대 초중반)는 소득 시작, 위험 감수 능력 높음, 매우 긴 투자 기간이 특징으로 공격적 자산 배분(주식 80~90%)과 간단한 로보어드바이저 시작이 적합하다. 경력 성장기(20대 후반~30대 중반)는 소득 증가, 결혼/주택 구입 계획, 높은 위험 감수 능력이 특징으로 성장 중심 로보어드바이저(주식 70~80%)와 기본-위성 구조 도입이 적합하다. 자산 구축기(30대 후반~40대 중반)는 소득 절정기, 자녀 양육/교육 부담, 적정 수준의 위험 감수 능력이 특징으로 균형형 로보어드바이저(주식 60~70%)와 목표별 맞춤형 AI 서비스 조합이 유리하다. 자산 보존기(40대 후반~50대)와 은퇴 준비기(50대 후반~60대 초반)는 위험 감수 능력 감소, 투자 기간 단축이 특징으로 점진적으로 보수적 자산 배분(주식 30~50%)과 소득 중심 AI 전략으로 전환하는 것이 중요하다(Mokhtarian, 2022).

재무 목표별 AI 서비스 활용 사례

재무 목표별 AI 서비스 활용 사례는 다양한 재무 목표에 따라 AI 서비스를 효과적으로 활용하는 방법을 보여 준다.

은퇴 준비를 위한 AI 투자 전략에는 AI 기반 은퇴 계산기로 필요 자금 산출, 인플레이션 · 수명 · 지출 패턴을 고려한 시뮬레이션, 장기 자산 성장 AI 전략, 목표 일자형(Target Date) AI 포트폴리오 활용이 포함된다. 은퇴까지 기간에 따라 성장형(30년+), 균형 성장형(10~20년), 보수 균형형(5~10년), 보수형(0~5년) 등의 전략을 단계적으로 적용한다.

주택 구입을 위한 AI 투자 전략은 목표 기간별로 다른 접근법을 사용한다. 단기(1~3년)는 안정성 중심, 중기(3~5년)는 보수 균형, 장기(5년+)는 균형 성장 AI 포트폴리오를 활용한다. 주택 구입까지 기간이 1년 이내일 경우 초보수형 AI 포트폴리오(주식 0~10%, 채권 30~40%, 현금성 50~70%), 1~3년은 보수형, 3~5년은 보수 균형형, 5년 이상은 균형형 로보어드바이저를 활용하는 것이 적합하다.

자녀 교육 자금을 위한 AI 투자 전략은 목표 일자형 접근과 계단식 구조가 특징이다. 교육 단계별로 영유아기 준비(0~5년)는 보수 균형형 AI(주식 30~40%, 채권 50~60%), 초중학교 준비(5~10년)는 균형형 AI(주식 50~60%, 채권 30~40%), 고등학교 준비(10~15년)는 균형 성장형 AI(주식 60~70%, 채권 20~30%), 대학 준비(15년+)는 성장형 AI(주식 70~80%, 채권 10~20%)를 활용한다. AI 교육 자금 계산기를 통해 자녀 나이와 교육 목표에 따른 예상 교육비와 필요 월 저축액을 산출할 수 있다.

투자 금액 증가에 따른 AI 서비스 활용 전략

투자 금액 증가에 따른 AI 서비스 활용 전략은 자산 규모

별로 최적의 접근법을 제시한다. 소액 투자자(1천만 원 이하)는 학습과 습관 형성, 비용 효율성이 중요하다. 단일 AI 서비스에 집중하여 검증된 로보어드바이저 1개를 선택하고 수수료가 낮은 서비스(연 0.5% 이하)를 우선시해야 한다. 소액 투자 금액별로는 100만 원 미만은 마이크로 투자 앱(주식형 ETF 100%), 100~500만 원과 500~1000만 원은 로보어드바이저 1개를 활용하는 것이 효과적이다.

중규모 투자자(1천만 원~1억 원)는 다각화와 맞춤화가 중요해진다. 기본-위성 구조를 도입하여 기본 포트폴리오(70~80%)와 위성 포트폴리오(20~30%)로 구성하고, 다른 투자 철학/알고리즘의 서비스 조합으로 전략적 다각화를 추구한다. 투자 금액별로는 1000~3000만 원은 로보어드바이저(80%)와 특화 AI(20%), 3000~5000만 원은 로보어드바이저(70%)와 특화 AI(30%), 5000만 원~1억 원은 로보어드바이저(60%)와 특화 AI(30%)와 목표별 AI(10%)의 조합이 권장된다.

대규모 투자자(1억 원 이상)는 고도화된 AI 조합과 맞춤형 접근이 가능하다. 다층 포트폴리오 구조로 장기 코어(50~60%), 전략별 위성(30~40%), 전술적 기회(10~20%) 포트폴리오와 목표별 독립 포트폴리오를 구성한다. 3~5개의 상호 보완적 AI 서비스 활용, 프리미엄 AI 서비스 접근, 포트폴리오 레벨 AI 리스크 관리가 특징이다. 투자 금액별로 1~3억 원은 다중 로보어드바이저(50%)와 특화 AI(40%)와 기회형 AI(10%), 3~5억 원은 목표별/전략별/헤지 AI 포트폴리오, 5억 원 이상은 맞춤형 AI 시스템과 전문 자문 하이브리드 접근법이 효과적이다.

자산 규모 성장에 따른 단계적 전환 전략

자산 규모 성장에 따른 단계적 전환 전략으로는 소액→중규모(1000만 원 돌파), 중규모 초기→중규모 성숙(3000만 원 돌파), 중규모→대규모(1억 원 돌파) 등의 단계에 따라 점진적 비중 조정(신규 투자금 우선 배정, 6~12개월 단계적 전환), 테스트 기간 설정(새 AI 서비스 소액으로 3~6개월 테스트), 통합 관리 시스템 구축(다중 AI 서비스 성과 통합 모니터링) 등의 전략을 활용한다.

초보 투자자를 위한 서비스 선택 가이드

완전 초보자(투자 경험 0~6개월)

첫 번째 단계: 카카오페이 투자 또는 다른 로보어드바이

저로 소액 시작

교육 자료: 인베스토피디아, 칸아카데미 투자 교육 과정

포트폴리오 관리: 야후 파이낸스(Yahoo Finance, 무료)

뉴스 및 정보: 알파스퀘어 또는 이투데이 커뮤니티

초급자(투자 경험 6개월~1년)

투자 서비스: 파운트, 에임 등 다양한 로보어드바이저 비교 사용

차트 분석: 트레이딩뷰 무료 버전

교육 심화: 코세라(Coursera) 투자 관련 강좌

포트폴리오 분석: 퍼스널 캐피털(Personal Capital) 또는 밸류 리서치

중급자(투자 경험 1~3년)

AI 신호 서비스: 트레이딩뷰 프리미엄, 시킹 알파(Seeking Alpha)

기술적 분석: 스톡차트(StockCharts) 또는 메타스톡(MetaStock)

뉴스 및 데이터: 블룸버그, 마켓비트(MarketBeat)

커뮤니티: 레딧(Reddit) 투자 커뮤니티, 스톡트위츠(StockTwits)

투자 목표별 추천 서비스

장기 자산 구축

로보어드바이저: 파운트, 베터먼트(Betterment)

포트폴리오 분석: 퍼스널 캐피털(Personal Capital)

ETF 리서치: 모닝스타

적극적인 트레이딩

차트 분석: 트레이딩뷰 프리미엄

신호 서비스: 팁랭크(TipRanks), 시킹 알파

알고리즘 개발: 퀀트커넥트(QuantConnect)

분산 투자 및 대체 자산

암호 화폐 분석: 글래스노드, 루나크러시

예술품 투자: 매스터웍스

글로벌 ETF: 야후 파이낸스(Yahoo Finance), 모닝스타

AI 투자 서비스는 계속해서 발전하고 있으며 이 목록에 포함된 웹사이트와 앱은 현재 시점에서 가장 유용한 도구들이다. 모든 서비스를 한 번에 사용하려고 하지 말고, 자신의 투자 스타일과 목표에 맞는 몇 가지 도구부터

시작하여 점진적으로 경험을 쌓아 가는 것이 중요하다.

무료로 시작하는 AI 투자 로드맵

1단계: 기초 지식 구축(1~2개월)

칸아카데미 금융 교육 과정 수강

인베스토피디아 투자 용어 사전 활용

야후 파이낸스 앱 설치 및 익히기

2단계: AI 투자 입문(2~3개월)

카카오페이 투자 또는 다른 로보어드바이저에 소액(1~5만 원) 투자

트레이딩뷰 무료 계정으로 기본 차트 분석 익히기

AI 투자 관련 커뮤니티 가입 및 학습

3단계: 실전 연습(3~6개월)

로보어드바이저 투자금 점진적 증액

트레이딩뷰에서 AI 패턴 인식 기능 활용

다양한 무료 AI 투자 신호 서비스 테스트

4단계: 전략 개발(6개월 이상)

투자 저널 작성 시작

백테스팅 도구로 간단한 전략 테스트

필요 시 유료 서비스 중 가장 유용했던 것으로 업그레이드

특히 초보 투자자는 무료 버전과 교육 리소스를 충분히 활용한 후, 실제 필요성을 느낄 때 유료 서비스로 업그레이드하는 접근법을 추천한다. 어떤 AI 도구를 사용하든, 투자의 기본 원칙(분산 투자, 장기 관점, 감정 제어)을 항상 유지하는 것이 성공적인 투자의 핵심임을 기억해야 한다.

참고문헌

Chen, X., et al.(2022). Combining AI investment strategies for enhanced performance: A survey of hybrid approaches. *Journal of Financial Technology,* 15(3), pp.238-256.

Kou, G., et al.(2021). Fintech investments in European banks: A hybrid IT2 fuzzy multidimensional decision-making approach. *Financial Innovation,* 7(1), p.39. https://doi.org/10.1186/s40854-021-00256-y

Lopez-Martin, C., et al.(2023). Robo-advisors and traditional investment schemes: A comparative risk analysis. *Digital*

Finance, 5(1), pp.121–152.

Mokhtarian, E.(2022). Decentralized finance and the dilemma of hybrid investment advisors. *Journal of Business & Securities Law,* 22(2), pp.1–45.

Renzetti, N., et al.(2023). Core–satellite portfolio optimization: A machine learning approach. *European Journal of Operational Research,* 304(3), pp.1207–1222. https://doi.org/10.1016/j.ejor.2022.07.055

Zhang, H., & Kutan, A. M.(2023). AI–based investment strategies in sector rotation: Evidence from global equity markets. *International Review of Financial Analysis,* 88, 102573. https://doi.org/10.1016/j.irfa.2023.102573

10
AI 투자의 미래 전망과 개인 투자자를 위한 장기 전략

AI는 투자 영역에서 혁신적인 변화를 가져오고 있다. 복잡한 알고리즘과 빅 데이터 분석을 통해 개인 투자자에게도 전문가 수준의 투자 도구가 접근 가능해졌다. AI 투자의 장기적 전망과 개인 투자자가 성공적인 투자 여정을 위해 알아야 할 핵심 원칙, 단계별 전략, 미래 대응 방안을 살펴본다.

종교와 AI?

효과적인 AI 투자 전략

성공적인 장기 AI 투자를 위한 핵심 원칙은 목표 설정 우선, 균형 잡힌 접근법 유지, 평생 학습자 마인드셋, 기술보다는 목표 우선, 분산과 리스크 관리 우선이다(López de Prado, 2020).

AI 투자 여정은 투자 경험과 자산 규모에 따라 학습과 경험 축적(소액 투자), 전략적 다각화(중규모 투자), 고도화 및 맞춤화(대규모 투자)의 단계별 로드맵을 따를 수 있다.

1단계. 학습과 경험 축적(소액 투자)

시작 자금: 10만 원~1000만 원

권장 접근법: 단일 로보어드바이저 서비스 선택(글로벌 ETF 중심), 정기 자동 투자 습관 형성, 기본적인 투자 개념과 AI 서비스 작동 원리 학습

핵심 목표: 투자 경험 축적, 복리의 힘 체험, 감정 관리 훈련

성공 지표: 정기 투자 습관 유지, 시장 하락 시에도 침착함 유지

2단계. 전략적 다각화(중규모 투자)

자금 규모: 1000만 원~1억 원

권장 접근법: 기본-위성 포트폴리오 구조 도입, 2~3개의 상호보완적 AI 서비스 활용, 다양한 투자 전략과 자산 클래스 경험(Das et al., 2022)

핵심 목표: 투자 전략 다각화, 리스크 관리 강화, 시장 환경별 대응력 향상

성공 지표: 변동성 감소, 다양한 시장 환경에서의 안정적 성과

코니(CONY) ETF 활용: 위성 포트폴리오의 일부로 소득 창출 강화, AI 분석을 통한 옵션 시장 타이밍 포착, 적정 비중(전체 포트폴리오의 5~10% 이내) 유지

3단계. 고도화 및 맞춤화(대규모 투자)

자금 규모: 1억 원 이상

권장 접근법: 다층적 포트폴리오 구조 구축, 목표별 독립 포트폴리오 운용, 세금 효율성과 위험 관리 고도화

핵심 목표: 개인화된 투자 시스템 구축, 세대 간 자산 관리, 재무적 자유 확보

성공 지표: 목표 달성률, 위험 조정 수익률, 수입 창출 능력

코니 ETF 활용 고도화: 소득 창출 전용 포트폴리오 내 배치, AI 기반 동적 비중 조절, 옵션 시장과 기초 자산(코인베이스) 동향 상관관계 분석을 통한 최적 진입/탈출 시점 포착

생애 주기에 따른 전환은 초기 경력 단계에서는 성장 중심, 높은 주식 비중(70~90%), 자산 구축 단계에서는 균형 잡힌 성장, 적정 위험(50~70% 주식), 은퇴 준비 단계에서는 소득 창출과 자산 보존(30~50% 주식), 은퇴 단계에서는 안정적 소득 중심(20~40% 주식)의 방향으로 이루어져야 한다.

코니 ETF 활용 전략

AI 투자 포트폴리오에서 코니와 같은 고수익 지향 ETF는 "전략적 다각화" 단계나 "고도화 및 맞춤화" 단계에서 포트폴리오의 일부로 고려될 수 있다. 다만 높은 수익률이 가능한 만큼 리스크도 존재하므로 전체 포트폴리오에서 적절한 비중 조절이 중요하다. 특히 코니와 같은 옵션 전략 ETF는 시장 상황에 따른 성과 변동성이 클 수 있으므로 AI 기반 리스크 관리 시스템을 통한 지속적인 모니터링과 적절한 자산 배분 조정이 필요하다.

특성 이해: 코인베이스 주식 기반 커버드콜 전략으로 높은 월 배당 제공, 기초 자산 상승 시 수익 제한됨

AI 시스템 활용: 옵션 가격 변동성과 코인베이스 주가 움직임 분석을 통한 최적 진입 시점 포착

리스크 관리: 암호 화폐 시장 변동성에 따른 리스크 대비, 전체 포트폴리오 내 비중 제한

활용 시나리오: 소득 창출 목적의 투자자는 월 배당 흐름 강화, 성장 중심 투자자는 시장 상황에 따른 전술적 배분

AI 투자 기술의 발전 방향

금융 분야에서 AI 기술의 활용은 투자에서뿐만 아니라 다음과 같이 다양하게 발전하고 있다.

고도화된 개인화: 더욱 세분화된 개인별 맞춤형 전략 제공

대체 데이터 활용 확대: 위성 이미지, IoT 센서 데이터, 소비자 행동 패턴 등 비전통적 데이터 분석 (Chen et al., 2023)

AI와 인간의 협업 강화: 투자자의 피드백을 학습하는 적응형 AI 시스템

블록체인과 AI 융합: 투명성과 자동화의 결합으로 새로운 투자 모델 등장

개인 투자자의 미래 대응 전략

자고 일어나면 새로운 AI 서비스가 출현하고 있는 현실에서 개인 투자자들은 다음과 같이 대응해야 한다.

지속적인 교육: AI와 투자에 대한 기본 지식을 꾸준히 업데이트하며 AI, 데이터, 알고리즘에 대한 기본적 이해력을 높여야 한다.

기술과 인간의 경계 이해: AI의 강점을 활용하되 맹신하지 않는 균형감을 가져야 하며, 비판적 사고를 통해 과대 마케팅과 현실적 가능성을 구분하는 능력을 배양해야 한다.

가치와 원칙 중심 접근: 기술 변화에도 흔들리지 않는 투자 원칙을 수립하고 다른 투자자들과 경험과 지식을 공유하는 활동을 지속하여야 한다.

적응과 실험의 균형: 새로운 기술과 서비스를 소규모로 테스트하며 점진적 적용하며 본인만을 위한 접근법을 찾아야 한다.

궁극적으로 AI는 투자의 도구이며 투자 성공의 주인공은 투자자 자신이다. 자신의 목표에 집중, 감정 통제, 분산 투자, 장기적 관점 유지와 같은 현명한 투자의 핵심 원칙을 AI와 함께 꾸준히 실천하는 것이 중요하다.

참고문헌

Chen, X., et al.(2023). Alternative data in financial markets: A comprehensive review. *Journal of Financial Economics,* 147(2), pp.324–351.

Das, S. R., et al.(2022). Model validation of robo-advisors: Improving investment through explainable AI. *Financial Analysts Journal,* 78(1), pp.54–70.

López de Prado, M.(2020). *Machine learning for asset managers.* Cambridge University Press.

부록 1: AI 투자 관련 웹사이트 및 앱

AI 투자 서비스 시장이 확대되면서 다양한 선택지 앞에 투자자들이 혼란을 겪고 있다. 수수료, 최소 투자 금액, 숨겨진 비용은 장기적 수익에 큰 영향을 미치며, 작은 수수료 차이도 복리 효과로 인해 수년 후 상당한 차이를 만든다. 로보어드바이저, AI 투자 신호 서비스, 알고리즘 트레이딩 플랫폼, AI 기반 ETF 등 다양한 서비스의 구조를 비교하여 투자자들이 자신에게 맞는 최적의 선택을 할 수 있도록 안내한다.

국내 로보어드바이저 서비스

카카오페이 투자

- https://www.kakaopay.com/investment
- 최소 투자 금액: 1만 원부터
- 수수료: 연 0.4~0.8%
- 초보자 친화도: ★★★★★
- 강점: 카카오페이와 연동되어 접근성이 매우 높고 직관적인 인터페이스 제공
- 투자 유형: ETF 기반 글로벌 분산 투자
- 활용 팁: 카카오페이 앱 내에서 바로 시작할 수 있어 별도 앱 설치나 계좌 개설 과정이 간소화되었다. 소액으로 AI 투자를 경험해 보기에 좋은 출발점이다.

파운트

- https://www.fount.co
- 최소 투자 금액: 10만 원부터
- 수수료: 연 0.9~1.2%(자산 규모에 따라 차등)
- 초보자 친화도: ★★★★☆
- 강점: '블루웨일' AI 엔진 활용, 글로벌 ETF 중심 분산 투자
- 투자 유형: 목표 기반 투자, 다양한 테마형 포트폴리

오 제공

● 활용 팁: '인베스팅랩' 기능을 통해 투자 지식을 쌓으면서 포트폴리오를 관리할 수 있다. 정기 리포트가 상세하여 투자 학습에도 도움이 된다.

에임

● https://www.aim-service.com

● 최소 투자 금액: 30만 원부터

● 수수료: 연 1.0%

● 초보자 친화도: ★★★★☆

● 강점: '에스더' AI 엔진 활용, 맞춤형 자문 서비스

● 투자 유형: 다양한 자산 클래스 활용, 경제 사이클 기반 전략

● 활용 팁: 경제 사이클별 포트폴리오 조정 전략이 특징이므로 거시경제 환경 변화에 민감한 투자를 원하는 사용자에게 적합하다.

해외 로보어드바이저 서비스

베터먼트(Betterment)

● https://www.betterment.com

● 최소 투자 금액: $0(계좌 개설만으로 시작 가능)

● 수수료: 연 0.25%(기본), 0.40%(프리미엄)

● 초보자 친화도: ★★★★★

● 강점: 목표 기반 투자, 세금 최적화 기능

● 투자 유형: ETF 기반 글로벌 분산 투자

● 접근성 참고: 미국 계좌가 필요하여 한국 투자자의 직접 사용이 제한적이다. 유사한 국내 서비스를 찾는 것이 좋다.

웰스프론트(Wealthfront)

● https://www.wealthfront.com

● 최소 투자 금액: $500

● 수수료: 연 0.25%

● 초보자 친화도: ★★★★☆

● 강점: 세금 손실 수확(Tax-Loss Harvesting), 직접 인덱싱

● 투자 유형: ETF 기반 분산 투자, 리스크 패리티 전략

● 학습 가치: 직접 사용이 어렵더라도 블로그와 교육 자료는 투자 지식을 쌓는 데 도움이 된다.

AI 투자 신호 및 분석 플랫폼

트레이딩뷰(TradingView)

- https://www.tradingview.com
- 무료 기본 계정 제공, 프리미엄 구독 $14.95~$59.95/월
- 초보자 친화도: ★★★★☆
- 주요 기능: 고급 차트 분석, AI 기반 패턴 인식, 커스텀 스크립팅 및 알림, 글로벌 커뮤니티 아이디어 공유
- 한국어 지원: 제공
- 활용 팁: 무료 버전으로 시작하여 기본 차트 분석과 패턴 인식 기능을 익힐 수 있다. '아이디어' 섹션에서 다른 투자자들의 분석을 참고하는 것도 도움이 된다.

시킹 알파(Seeking Alpha)

- https://seekingalpha.com
- 무료 기본 콘텐츠, 프리미엄 구독 $19.99~$299.99/월
- 초보자 친화도: ★★★☆☆
- 주요 기능: 퀀팅 레이팅(Quant Ratings, AI 기반 주식 평가), 상세한 기업 분석 및 예측, 투자 아이디어 및 포트폴리오 분석, 전문가 및 애널리스트 의견

- 언어: 영어 전용
- 활용 팁: 특히 미국 주식에 관심 있는 투자자에게 유용하다. 무료 계정으로도 많은 정보를 얻을 수 있으며, 기업의 재무 상태와 성장 가능성에 대한 AI 평가를 확인할 수 있다.

팁랭크(TipRanks)

- https://www.tipranks.com
- 무료 기본 기능, 프리미엄 구독 $29.95~$49.95/월
- 초보자 친화도: ★★★★☆
- 주요 기능: 스마트 스코어(Smart Score, 1~10 점수로 주식 평가), 애널리스트 추적 및 성과 평가, 인사이더 거래 정보, 헤지펀드 포지션 분석
- 언어: 영어 전용
- 활용 팁: 스마트 스코어는 8가지 요소를 AI로 분석해 종합 점수를 매기므로, 종목 선택 시 쉽게 참고할 수 있다. 무료 회원도 제한된 범위에서 이 점수를 확인할 수 있다.

핀베스트(Finvest)

- https://finvest.co.kr

- 무료 기본 기능, 유료 구독 약 1~5만 원/월
- 초보자 친화도: ★★★★☆
- 주요 기능: AI 스코어링 시스템, 종목 발굴 및 추천, 실시간 주가 알림, 한국 주식 시장 특화 분석
- 한국어 지원: 제공
- 활용 팁: 국내 주식 투자자에게 최적화된 서비스로 한글 인터페이스와 국내 시장에 특화된 분석을 제공한다. 초보자는 무료 버전으로 AI 스코어를 활용해 종목 선별에 참고할 수 있다.

차트 분석 및 기술적 지표 도구

메타스톡(MetaStock)

- https://www.metastock.com
- 가격: $499~$1,395(일회성 구매) 또는 월 $59~$129(구독)
- 초보자 친화도: ★★☆☆☆
- 주요 기능: 고급 패턴 인식 시스템, 전문가 시스템 및 신호 생성, 방대한 기술적 지표 라이브러리, 커스텀 공식 및 백테스팅
- 한국어 지원: 제한적
- 활용 팁: 초보자보다는 중급 이상의 기술적 분석에 관

심 있는 투자자에게 적합하다. 무료 체험판으로 먼저 테스트해 보는 것이 좋다.

스톡차트(StockCharts)

- https://stockcharts.com
- 무료 기본 기능, 유료 구독 $14.95~$59.95/월
- 초보자 친화도: ★★★★☆
- 주요 기능: 차트스쿨(ChartSchool, 차트 분석 교육), 다양한 기술적 지표 및 오버레이, 주식 스크리너, 차트 저장 및 공유
- 언어: 영어 전용
- 활용 팁: 무료 회원으로 시작하여 차트스쿨에서 기술적 분석 기초를 배우는 것이 좋다. 초보자 친화적인 인터페이스와 풍부한 교육 자료가 강점이다.

트렌드스파이더(Trendspider)

- https://trendspider.com
- 가격: $27~$97/월
- 초보자 친화도: ★★★☆☆
- 주요 기능: 자동 기술적 분석, AI 지원 트렌드라인 인

식, 멀티 타임프레임 분석, 자동 패턴 인식

- 언어: 영어 전용
- 활용 팁: AI가 자동으로 차트 패턴과 추세선을 그려주므로 기술적 분석의 주관성을 줄이고 싶은 투자자에게 유용하다. 7일 무료 체험으로 테스트해 볼 수 있다.

포트폴리오 관리 및 추적 도구

밸류리서치(Value Research)

- https://www.valuers.co.kr
- 무료 기본 기능, 프리미엄 구독 약 3~9만 원/년
- 초보자 친화도: ★★★★☆
- 주요 기능: 포트폴리오 구성 및 성과 추적, 기업 가치 평가 및 분석, 투자 아이디어 제공, 리밸런싱 제안
- 한국어 지원: 제공
- 활용 팁: 가치 투자에 관심 있는 투자자에게 특히 유용하다. 무료 버전으로도 기업 재무제표와 밸류에이션 지표를 확인할 수 있다.

퍼스널 캐피털(Personal Capital)

- https://www.personalcapital.com
- 무료 재무 관리 도구(자산 관리 서비스는 유료)

- 초보자 친화도: ★★★★★
- 주요 기능: 종합 자산 대시보드, 포트폴리오 분석 및 자산 배분 검토, 은퇴 계획 도구, 수수료 분석기
- 언어: 영어 전용
- 활용 팁: 미국 계좌 연동에 최적화되어 있지만, 수동으로 포트폴리오를 입력하여 국내 투자자도 분석 도구를 활용할 수 있다. 자산 배분과 포트폴리오 구성 비율을 시각적으로 확인하기 좋다.

야후 파이낸스(Yahoo Finance)

- https://finance.yahoo.com
- 대부분 기능 무료, 야후 파이낸스 플러스 $35/월
- 초보자 친화도: ★★★★★
- 주요 기능: 실시간 시장 데이터, 포트폴리오 추적, 기술적/기본적 스크리너, 뉴스 및 시장 분석
- 한국어 지원: 부분 지원
- 활용 팁: 무료로 제공되는 기능이 매우 많아 초보 투자자에게 훌륭한 출발점이다. 특히 글로벌 시장과 종목에 대한 방대한 데이터를 확인할 수 있다.

스톡로버(StockRover)

● https://www.stockrover.com

● 무료 기본 기능, 프리미엄 구독 $17.99~$27.99/월

● 초보자 친화도: ★★★☆☆

● 주요 기능: 심층 포트폴리오 분석, 500개 이상의 지표로 스크리닝, 10년 재무 데이터, 투자 아이디어 생성기

● 언어: 영어 전용

● 활용 팁: 펀더멘털 데이터와 세부적인 분석에 관심 있는 투자자에게 적합하다. 무료 버전으로 먼저 시작하여 필요성을 느낄 때 업그레이드할 수 있다.

투자 교육 및 학습 리소스

인베스토피디아(Investopedia)

● https://www.investopedia.com

● 무료 콘텐츠(일부 강좌 유료)

● 초보자 친화도: ★★★★★

● 주요 기능: 방대한 투자 용어 사전, 초보자부터 전문가까지 단계별 강좌, 투자 시뮬레이터, 일일 투자 분석 및 뉴스

● 언어: 영어 전용

● 활용 팁: 투자를 처음 배우는 사람에게 필수 사이트

다. 특히 '투자 용어 사전'과 '투자 기초' 섹션부터 시작하는 것이 좋다.

모닝스타(Morningstar)

- https://www.morningstar.com(글로벌)
- https://www.morningstar.co.kr(한국)
- 무료 기본 콘텐츠, 프리미엄 구독 약 $34.95/월
- 초보자 친화도: ★★★☆☆
- 주요 기능: 펀드 및 ETF 상세 분석, 포트폴리오 엑스레이 분석, 투자 교육 자료, 애널리스트 리포트
- 한국어 지원: 한국 사이트 제공
- 활용 팁: 특히 펀드와 ETF 투자자에게 유용한 리소스다. 모닝스타 등급과 분석 리포트는 투자 결정에 도움이 된다.

칸아카데미 - 금융 및 자본 시장

- https://www.khanacademy.org/econoics-finance-domain/core-finance
- 완전 무료
- 초보자 친화도: ★★★★★
- 주요 기능: 체계적인 금융 교육 커리큘럼, 비디오 강

의 및 연습 문제, 금융 기초부터 고급 투자 개념까지 커버, 자기 주도적 학습 가능

● 한국어 지원: 일부 콘텐츠 한글화

● 활용 팁: 금융 지식이 전혀 없는 초보자도 쉽게 이해할 수 있는 설명과 시각적 자료를 제공한다. '이자 및 부채'부터 시작하여 '투자 및 주식' 섹션으로 진행하는 것이 좋다.

코세라(Coursera) - 투자 관련 강좌

● https://www.coursera.org/courses?query=investment

● 무료 수강 가능(인증서 발급은 유료)

● 초보자 친화도: ★★★★☆

● 추천 강좌: 예일대학교 로버트 실러(Robert Shiller)의 "금융 시장(Financial Markets)", 펜실베이니아대학교 "금융 및 회계 입문(Introduction to Finance and Accounting)", 듀크대학교 "행동재무학(Behavioral Finance)"

● 한국어 지원: 일부 강좌 한글 자막 제공

● 활용 팁: 무료로 수강만 하고 인증서는 필요 없다면, '감사' 옵션을 선택하면 된다. 세계 최고 대학의 금융 교수진으로부터 체계적인 투자 교육을 받을 수 있다.

시장 데이터 및 뉴스 분석 도구

블룸버그(Bloomberg)

● https://www.bloomberg.com

● 무료 기본 뉴스, 블룸버그 터미널(Bloomberg Terminal)은 매우 고가($24,000/년)

● 초보자 친화도: ★★★☆☆

● 주요 기능: 글로벌 금융 뉴스 및 분석, 시장 데이터 및 차트, 블룸버그 TV 및 팟캐스트, 전문가 의견 및 칼럼

● 한국어 지원: 일부 콘텐츠 한글화

● 활용 팁: 무료 버전으로도 글로벌 금융 뉴스와 시장 동향을 파악하기에 충분하다. 특히 글로벌 투자에 관심 있는 투자자에게 유용하다.

파이낸셜 타임스(Financial Times)

● https://www.ft.com

● 구독 필요 (일부 무료 기사, 학생 할인 있음)

● 초보자 친화도: ★★★☆☆

● 주요 기능: 깊이 있는 금융 및 경제 뉴스, 시장 분석 및 인사이트, 투자 아이디어, 글로벌 경제 트렌드

● 언어: 영어 전용

● 활용 팁: 고급 투자 정보와 심층 분석을 원하는 투자

자에게 적합하다. 무료 구독으로 먼저 시작하여 가치를 느끼면 유료 구독으로 전환하면 된다.

마켓비트(MarketBeat)

- https://www.marketbeat.com
- 무료 기본 기능, 프리미엄 구독 $19.97~$39.97/월
- 초보자 친화도: ★★★★☆
- 주요 기능: 애널리스트 평가 및 목표가, 배당 정보 및 캘린더, 인사이더 거래 추적, 증시 뉴스 AI 분석
- 언어: 영어 전용
- 활용 팁: 특히 배당 투자자와 펀더멘털 분석에 관심 있는 투자자에게 유용하다. 무료 회원으로도 충분한 정보를 얻을 수 있다.

알파스퀘어(AlphaSquare)

- https://alphasquare.co.kr
- 무료 기본 기능, 프리미엄 구독 약 1~3만 원/월
- 초보자 친화도: ★★★★☆
- 주요 기능: 실시간 뉴스 감성 분석, 종목별 AI 뉴스 요약, 투자자 반응 모니터링, 산업별 트렌드 분석
- 한국어 지원: 제공

● 활용 팁: 국내 주식 투자자에게 유용한 서비스로 특히 뉴스와 정보 과부하에 압도되기 쉬운 초보 투자자에게 AI 뉴스 요약 기능이 도움이 된다.

암호 화폐 및 대체 자산 관련 AI 도구

글래스노드(Glassnode)

● https://glassnode.com

● 무료 기본 지표, 프리미엄 구독 $39~$799/월

● 초보자 친화도: ★★☆☆☆

● 주요 기능: 온체인 데이터 분석, 암호 화폐 네트워크 건전성 지표, 투자자 행동 분석, 시장 사이클 지표

● 언어: 영어 전용

● 활용 팁: 암호 화폐 투자자에게 특화된 서비스로 블록체인에 기록된 실제 거래 데이터를 분석한다. 무료 버전으로 기본 지표를 익힌 후 필요시 업그레이드 할 수 있다.

루나크러시(LunarCrush)

● https://lunarcrush.com

● 무료 기본 기능, 프리미엄 구독 약 $9.99/월

● 초보자 친화도: ★★★★☆

● 주요 기능: 소셜 미디어 감성 분석, 갤럭시 스코어(Galaxy Score, AI 기반 종합 점수), 인플루언서 추적, 암호 화폐 트렌드 분석

● 언어: 영어 전용

● 활용 팁: 암호 화폐 시장이 소셜 미디어 감성에 크게 영향받는다는 점을 고려할 때, 이 도구는 시장 심리를 파악하는 데 매우 유용하다. 무료 계정으로도 충분히 활용 가능하다.

산티멘트(Santiment)

● https://santiment.net

● 무료 기본 기능, 프리미엄 구독 $49~$999/월

● 초보자 친화도: ★★★☆☆

● 주요 기능: 온체인 및 소셜 데이터 결합 분석, 고래(대량 보유자) 활동 모니터링, 개발자 활동 추적, 시장 불균형 지표

● 언어: 영어 전용

● 활용 팁: 프로젝트의 실제 개발 활동과 대량 보유자 행동을 추적할 수 있어 단순 가격 차트를 넘어선 분석이 가능하다. 무료 버전으로 기본 기능을 먼저 경험해 볼 수 있다.

마스터웍스(Masterworks)

- https://www.masterworks.io
- 최소 투자 금액: $1,000부터
- 수수료: 연 1.5% 관리 수수료 + 성과 수수료 20%
- 초보자 친화도: ★★★☆☆
- 주요 기능: 예술품 부분 소유권 투자, AI 기반 미술 시장 분석, 유동성 거래 시장, 투자급 작품 큐레이션
- 언어: 영어 전용
- 활용 팁: 전통 자산과 상관관계가 낮은 대체 자산으로 포트폴리오를 다각화하고 싶은 투자자에게 적합하다. 국내 투자자는 가입 제한이 있을 수 있으니 사전에 확인해야 한다.

커뮤니티 및 소셜 트레이딩 플랫폼

이투데이 - AI 투자 포럼

- https://www.etoday.co.kr/forum
- 무료 이용
- 초보자 친화도: ★★★★★
- 주요 기능: AI 투자 관련 정보 공유, 투자 전략 토론, 실시간 종목 토론, 투자 커뮤니티
- 한국어 지원: 제공

● 활용 팁: 국내 투자자들과 AI 투자 경험을 공유하고 유용한 정보를 얻을 수 있는 커뮤니티다. 단, 투자 결정 전에 여러 정보원을 통해 크로스 체크하는 습관을 들여야 한다.

스톡트윗(StockTwits)

● https://stocktwits.com

● 무료 이용

● 초보자 친화도: ★★★★☆

● 주요 기능: 실시간 트레이더 감성 지표, 종목별 토론 스트림, 인기 트레이더 팔로, 시장 트렌드 모니터링

● 언어: 영어 전용

● 활용 팁: 특정 종목에 대한 시장 참여자들의 실시간 의견과 감성을 파악할 수 있다. 감성 지표를 역발상 지표로 활용하는 것도 좋은 전략이다(너무 긍정적일 때 주의, 너무 부정적일 때 기회).

이토로(eToro)

● https://www.etoro.com

● 무료 계정, 실제 거래 시 스프레드 비용

● 초보자 친화도: ★★★★☆

● 주요 기능: 소셜 트레이딩(성공한 트레이더 복사), 인기 투자자 포트폴리오 분석, 주식, ETF, 암호 화폐 등 다양한 자산 거래, 커뮤니티 및 소셜 피드

● 한국어 지원: 부분 지원

● 활용 팁: 성공적인 트레이더의 포트폴리오를 자동으로 복사하는 'CopyTrading' 기능이 특징이다. 국내 투자자는 해외 플랫폼 이용에 따른 규제와 세금 이슈를 미리 확인해야 한다.

레딧(Reddit) - r/algotrading, r/AIinvesting

● https://www.reddit.com/r/algotrading

● https://www.reddit.com/r/AIinvesting

● 무료 이용

● 초보자 친화도: ★★★☆☆

● 주요 기능: 알고리즘 트레이딩 및 AI 투자 토론, 코드 및 전략 공유, 질의응답, 최신 기술 및 도구 정보

● 언어: 영어 전용

● 활용 팁: 글로벌 AI 투자 커뮤니티와 교류하며 최신 트렌드와 도구를 파악할 수 있다. 초보자는 '시작(Getting Started)' 태그가 붙은 게시물부터 읽는 것이 좋다.

무료 AI 투자 교육 및 데모 도구

인공지능 투자 연구소

- https://aiinvestlab.co.kr
- 무료 기본 교육 콘텐츠(일부 유료 강좌)
- 초보자 친화도: ★★★★★
- 주요 기능: AI 투자 입문 강좌, 알고리즘 백테스팅 도구, 투자 전략 샘플, 커뮤니티 포럼
- 한국어 지원: 제공
- 활용 팁: 한국어로 AI 투자를 체계적으로 배울 수 있는 좋은 리소스다. 무료 입문 강좌부터 시작하여 기초를 다지는 것이 좋다.

퀀트커넥트(QuantConnect)

- https://www.quantconnect.com
- 무료 기본 기능, 유료 구독 $8~$40/월
- 초보자 친화도: ★★☆☆☆
- 주요 기능: 알고리즘 개발 및 백테스팅, 클라우드 기반 연구 환경, 방대한 금융 데이터, 오픈 소스 커뮤니티
- 언어: 영어 전용
- 활용 팁: 프로그래밍 지식이 있는 투자자에게 적합한 플랫폼으로, 무료 계정으로도 AI 투자 알고리즘을 개발

하고 테스트할 수 있다. 파이선(Python)이나 C#에 익숙하다면 도움이 된다.

캐글(Kaggle) - 금융 및 투자 데이터셋

● https://www.kaggle.com/datasets?tags=4101-Finance

● 완전 무료

● 초보자 친화도: ★★★☆☆

● 주요 기능: 금융 데이터셋 액세스, 투자 알고리즘 구현 연습, 금융 머신 러닝 튜토리얼, 커뮤니티 노트북 참고

● 한국어 지원: 일부 자료 제공

● 활용 팁: 데이터 분석과 머신 러닝에 관심 있는 투자자에게 좋은 학습 리소스다. 다른 사람들의 코드와 분석을 참고하며 배울 수 있다.

부록 2: AI 투자 용어 사전

AI 투자 세계는 생소한 용어로 가득하여 초보자에게 혼란을 줄 수 있다. 특히 AI와 접목되면서 이해해야 할 개념은 더욱 다양해졌다. 이 용어 사전은 기본 AI 개념부터 로보어드바이저, 투자 전략, 포트폴리오 관리, 성과 측정까지 핵심 용어를 일상적 비유와 함께 설명한다. 단순한 정의를 넘어 각 용어의 투자 활용법, 실생활 비유, AI와의 연관성을 함께 제시하여 추상적 개념을 구체적으로 이해할 수 있도록 구성했다.

로보어드바이저 관련 용어

자산 배분

투자 자금을 주식, 채권, 현금 등 다양한 자산 유형에 나누어 투자하는 것.

리밸런싱(Rebalancing)

시간이 지나면서 변화된 포트폴리오 비율을 원래 목표한 비율로 다시 조정하는 것.

고객 신원 확인(Know Your Customer, KYC)

투자자의 신원, 재정 상황, 투자 목표를 확인하는 절차.

투자 성향 분석

투자자가 얼마나 위험을 감수할 수 있는지, 어떤 투자 목표를 가졌는지 파악하는 과정.

투자 전략 및 분석 용어

모멘텀(Momentum) 투자

"잘 오르는 주식은 계속 오를 가능성이 높다"는 원칙에 따라 최근 성과가 좋은 자산에 투자하는 전략.

AI가 수백 개 자산의 가격 추세를 분석해 강한 상승 모멘턴을 가진 종목을 자동으로 식별하여 매수/매도.

가치 투자

시장 가격보다 실제 가치가 높다고 판단되는 저평가된 주식에 투자하는 전략.
AI가 재무제표, 산업 동향, 기업 성장성 등을 종합적으로 분석해 저평가된 종목을 찾아 자동으로 매수/매도.

평균 회귀

"모든 가격은 결국 평균으로 돌아간다"는 원칙에 기반한 투자 전략.
AI가 가격이 평균보다 크게 높아지면 자동으로 매도하고, 크게 낮아지면 자동으로 매수.

추세 추종

"추세는 당분간 지속된다"는 원칙에 따라 현재의 시장 방향에 맞춰 투자하는 전략.
AI가 다양한 시간대의 차트를 분석해 강한 상승/하락 추세를 식별하여 매수/매도.

감성 분석

뉴스 기사, 소셜 미디어 게시물 등에서 특정 기업이나 시장에 대한 감정(긍정/부정)을 분석하는 기술.
AI는 대중 심리가 주가에 미치는 영향을 예측하는 데 사용하여 자동으로 매수/매도.

패턴 인식

차트에서 반복되는 가격 패턴을 식별하는 기술.
AI는 수천 개의 과거 차트를 학습해 특정 패턴이 나타날 때 가격이 어떻게 움직였는지 분석하여 자동으로 매수/매도.

포트폴리오 관리 용어

분산 투자

"모든 달걀을 한 바구니에 담지 말라"는 원칙에 따라 다양한 자산에 투자하는 전략.
한 자산의 손실이 다른 자산의 이익으로 상쇄될 수 있어 전체 위험을 줄이기 위한 전략.

상관관계

두 자산의 가격이 얼마나 비슷하게 움직이는지를 나타

내는 지표.

수치 의미: +1(완전 같은 방향), 0(무관계), -1(완전 반대 방향)로 표현.

투자 의미: 상관관계가 낮은 자산들을 조합하여 포트폴리오 변동성을 줄이기 위한 것.

달러 코스트 애버리징(Dollar-Cost Averaging, DCA)

시장 가격에 상관없이 정기적으로 일정 금액을 투자하는 전략.

시장 타이밍을 맞출 필요가 없고 평균 매수 단가를 안정화하기 위한 것.

베타(β)

시장 전체가 움직일 때 특정 자산이 얼마나 민감하게 반응하는지 나타내는 지표.

수치 의미: 베타가 1이면 시장과 동일하게, 1.5면 시장보다 50% 더 크게, 0.5면 시장보다 50% 더 작게 움직인다는 것.

투자 활용: 시장 상황에 따라 적절한 베타 값을 가진 포트폴리오를 구성하기 위한 것.

팩터(Factor) 투자

수익에 영향을 미치는 특정 '요소(팩터)'에 집중하는 투자 방식.

주요 팩터: 가치(Value), 크기(Size), 모멘텀(Momentum), 퀄리티(Quality), 변동성(Volatility) 등이 있음.

AI가 각 팩터의 현재 효과를 분석하고 최적의 팩터 조합을 제안.

성과 측정 지표

CAGR(Compound Annual Growth Rate, 연평균 성장률)

투자 기간의 평균 연간 수익률. 서로 다른 기간의 투자 성과를 비교하기 위한 지표.

(최종 가치/초기 가치)^(1/투자 연수) − 1

샤프 지수(Sharpe Ratio)

감수한 위험 대비 얼마나 많은 수익을 얻었는지 측정하는 지표.

(투자 수익률 − 무위험 수익률) / 표준편차

높을수록 좋으며, 일반적으로 1 이상이면 양호, 2 이상이면 매우 좋은 성과.

최대 낙폭(Maximum Drawdown, MDD)

투자 기간 중 최고점에서 최저점까지의 최대 손실 비율. 투자 전략의 위험성과 잠재적 손실을 평가하는 중요한 지표.

MDD는 투자자가 감내해야 할 심리적 압박의 크기를 나타내는 것으로 MDD 30%인 전략은 30%까지 손실을 견딜 수 있어야 장기적 투자 가능하다는 것을 의미.

표준편차

수익률이 평균에서 얼마나 넓게 분포되어 있는지 나타내는 변동성 지표. 높을수록 변동성이 크고 불확실성이 높다는 의미.

알파(α)

시장 평균 대비 초과 수익을 나타내는 지표. 양수면 시장보다 좋은 성과, 음수면 시장보다 나쁜 성과를 의미.

실제 수익률 − 기대 수익률(베타와 시장 수익률 기반)

기술적 분석 용어

이동평균선

일정 기간의 평균 가격을 연결한 선으로, 가격 추세를 보여 주는 지표.
단순 이동평균(SMA), 지수 이동평균(EMA) 등이 있음.
단기선이 장기선을 상향 돌파하면 매수 신호, 하향 돌파하면 매도 신호로 해석됨.

RSI(Relative Strength Index, 상대 강도 지수)

0~100 사이 값으로 자산의 과매수/과매도 상태를 나타내는 지표. 일반적으로 70 이상은 과매수(고점), 30 이하는 과매도(저점)로 간주.
AI는 RSI와 다른 지표를 결합해 더 정확한 매매 시점을 찾음.

볼린저 밴드(Bollinger Bands)

이동평균선을 중심으로 가격 변동성에 따라 위아래 범위를 설정한 밴드. 중앙선(20일 이동평균), 상단선(중앙+표준편차×2), 하단선(중앙-표준편차×2). 가격이 상단 근처면 고평가, 하단 근처면 저평가 가능성이 있음.

MACD(Moving Average Convergence Divergence, 이동평균 수렴·확산 지수)

단기 및 장기 추세의 관계와 모멘텀을 보여 주는 지표.

구성 요소는 MACD선(12일 EMA−26일 EMA), 신호선(MACD의 9일 EMA), 히스토그램

MACD가 신호선을 상향 돌파하면 매수, 하향 돌파하면 매도 신호로 해석됨.

지지선과 저항선

가격이 더 이상 하락하지 않는 바닥선(지지선)과 상승하지 않는 천장선(저항선).

AI는 과거 데이터에서 중요한 지지/저항 수준을 자동으로 식별.

지지선 근처에서 매수, 저항선 근처에서 매도.

시장 및 거래 관련 용어

유동성

자산을 얼마나 빠르고 쉽게 현금으로 바꿀 수 있는지를 나타내는 개념.

유동성이 높을수록 매매가 쉽고 가격 영향이 적음.

변동성

자산 가격이 얼마나 급격하게 오르내리는지를 나타내는 지표.

주로 표준 편차로 측정하며 높을수록 가격 변동이 큼. 높은 변동성은 큰 이익 기회와 큰 손실 위험을 동시에 의미함.

슬리피지(Slippage)

예상 거래 가격과 실제 체결 가격 사이의 차이.
시장 변동성, 낮은 유동성, 대량 주문 등으로 발생. AI 알고리즘은 슬리피지를 최소화하도록 주문 시기와 방식을 최적화하는 역할 수행.

베어 마켓(Bear Market, 하락장)

주가가 지속적으로 하락하는 시장 상황. 일반적으로 최고점에서 20% 이상 하락한 상태를 의미.
AI는 베어 마켓에서 방어적 자산 비중을 높이거나 하락 속도가 줄어드는 시점을 포착하는 데 활용.

불 마켓(Bull Market, 상승장)

주가가 지속적으로 상승하는 시장 상황. 일반적으로 최저점에서 20% 이상 상승한 상태를 의미.
AI는 불 마켓에서 성장성 높은 자산을 식별하고 추세 지속 기간을 예측하는 데 활용.

백테스팅(Backtesting)

주투자 전략을 과거 데이터에 적용해 효과를 검증하는 과정. 투자 전략이 다양한 시장 환경에서 어떻게 작동했는지 확인하기 위한 것. 과거 성과가 미래 성과를 보장하지는 않는다는 한계를 가짐.
AI는 수천 가지 전략을 동시에 백테스트하여 가장 견고한 전략을 찾아내는 데 활용.

AI 기반 ETF 및 주식 관련 용어

ETF(Exchange Traded Fund, 상장 지수 펀드)

특정 지수나 자산 바구니를 추적하는 펀드로, 주식처럼 거래소에서 거래되는 펀드. 한 번의 거래로 다양한 자산에 분산 투자함. QRAFT AI ETF(Qraft AI-Enhanced U.S. Large Cap ETF), AIEQ(AI Powered Equity ETF) 등이 있음.
AI 기반 ETF는 인공지능이 종목 선정과 비중 결정을 담당하는 역할.

스마트 베타

전통적인 시가 총액 가중 방식이 아닌 특정 요소(팩터)에 기반해 구성된 ETF 전략.

AI는 가치, 모멘텀, 퀄리티 등의 팩터를 결합해 최적의 포트폴리오를 구성. 시장 평균보다 높은 수익이나 낮은 위험을 추구하는 데 활용.

ESG 투자

환경(Environmental), 사회(Social), 지배 구조(Governance) 요소를 고려한 투자.
AI는 수많은 기업 보고서, 뉴스, 데이터를 분석해 기업의 ESG 점수를 계산. 지속 가능성을 중시하는 투자로, 장기적 가치 창출과 리스크 관리에 효과적인 투자 전략.

테마 투자

특정 산업, 트렌드, 아이디어에 집중하는 투자 방식. 클린 에너지, 사이버 보안, 클라우드 컴퓨팅, 로봇 공학 등의 테마별 ETF가 있음. 테마 투자는 집중 위험이 있어 전체 포트폴리오의 일부로만 활용하는 것을 권유함.
AI는 빅 데이터 분석으로 유망한 테마를 조기에 발견하고 관련 종목을 식별하는 데 활용.

대체 데이터

전통적인 재무 데이터가 아닌 새로운 형태의 정보 소스.

위성 이미지, 신용카드 거래 데이터, 웹 트래픽, 모바일 앱 다운로드 수 등.
AI는 비정형 데이터를 분석해 투자 인사이트를 추출하고, 기업의 실적 발표 전에 매출 트렌드를 예측하는 등의 용도로 활용.

온체인(On-chain) 분석

블록체인에 기록된 거래 데이터를 분석하는 기법. 대형 투자자(고래) 행동, 네트워크 활성도, 주소 분포 등을 분석함.
AI는 블록체인 거래 패턴을 분석해 시장 심리와 가격 움직임을 예측하는 데 활용.

NLP(Natural Language Processing, 자연어 처리) 분석

AI가 인간 언어를 이해하고 분석하는 기술. 뉴스 기사, 기업 실적 발표, SNS 게시물 등의 텍스트를 분석해 투자 신호를 생성.
AI는 기업 CEO의 실적 발표 회의 어조에서 자신감이나 불안감을 감지하는 등을 분석하는 데 활용.

초보 투자자 실용 용어

복리

이자에 이자가 붙는 효과로 투자 수익이 시간이 지날수록 기하급수적으로 증가하는 현상.
장기 투자의 가장 강력한 원동력. 연 10%로 100만 원을 투자하면, 10년 후에는 약 259만 원이 되나, 단리로는 200만 원이 됨.

비용 평균화 효과

정기적으로 같은 금액을 투자할 때, 자연스럽게 가격이 낮을 때 더 많은 수량을 매수하게 되는 효과. 시장 타이밍에 대한 부담을 줄이고 평균 매수 단가를 낮추는 데 도움이 됨. 월정액 자동 적립식 투자가 대표적인 예.
AI는 기본적인 정액 투자에 시장 상황을 반영한 변동 요소를 더해 최적화하는 데 활용.

리스크 관리

투자에서 발생할 수 있는 손실 위험을 통제하고 관리하는 과정. 분산 투자, 손절매 전략, 자산 배분, 리밸런싱 등이 있음.
AI는 포트폴리오의 다양한 리스크 요소를 동시에 모니

터링하고 균형을 유지하는 데 활용.

시스템적 투자 접근법

감정이 아닌 미리 정해진 규칙과 데이터에 따라 투자하는 방식. 감정적 편향을 제거하고 일관된 투자 결정을 내릴 수 있음.

AI 투자의 핵심 철학으로 명확한 규칙과 데이터 기반 의사 결정을 하는 데 활용.

행동 재무학

투자자의 심리와 행동이 투자 결정과 시장에 미치는 영향을 연구하는 분야. 확증 편향, 손실 회피, 후광 효과, 군중 심리 등이 있음.

AI 투자 시스템은 이러한 인간의 행동 편향을 극복하여 설계할 수 있도록 투자자의 심리적 편향을 인식하고 객관적 판단을 유지할 수 있도록 지원하는 데 활용.

부록 3: AI 투자에 사용되는 알고리즘의 종류

AI 투자 서비스의 핵심에는 다양한 AI 알고리즘이 숨어 있다. 이 부록에서는 복잡한 수학 개념 없이도 실생활의 친숙한 비유를 통해 AI 투자 알고리즘의 기본 원리를 이해할 수 있도록 안내한다. 예측 알고리즘, 패턴 인식, 자산 배분 최적화, 자연어 처리, 리스크 관리 알고리즘까지 각 유형의 특성과 활용법을 명확하게 설명하고 장단점을 균형 있게 다룬다.

예측 기반 알고리즘

선형 회귀(Linear Regression)

여러 변수 간의 관계를 직선으로 표현하여 미래 값을 예측하는 방법.

투자 활용법: 경제 지표와 주가 사이의 관계 파악, 매출 성장률과 주가 상승률의 관계 분석, 단기 가격 추세 예측.

장점: 이해하기 쉽고 계산이 간단함.

단점: 복잡한 비선형 시장 움직임을 잘 포착하지 못함.

비유: 키와 몸무게의 관계를 보면 키가 클수록 대체로 몸무게도 증가하는 경향이 있다. 선형 회귀는 이런 관계를 수학적으로 표현하여 키를 알면 대략적인 몸무게를 예측할 수 있게 해 준다. 투자에서는 금리와 채권 가격, 인플레이션과 금 가격 같은 관계를 분석한다.

ARIMA(AutoRegressive Integrated Moving Average)

시간에 따른 데이터의 자기 상관관계(과거 자신의 값이 미래 값에 미치는 영향)를 활용하여 미래 값을 예측하는 알고리즘.

투자 활용법: 주가, 환율 등 금융 시계열 데이터의 단기

예측, 계절성 있는 자산(예: 특정 시즌에 강세를 보이는 상품) 가격 예측, 변동성 예측.

장점: 시간 패턴이 있는 데이터에 효과적임.

단점: 급격한 시장 변화나 예상치 못한 이벤트를 예측하지 못함.

비유: 일기 예보 때 오늘의 날씨가 내일 날씨에 영향을 미치고 지난 며칠간의 날씨 패턴이 향후 날씨를 예측하는 데 도움이 되듯이 ARIMA는 이런 방식으로 과거 주가 움직임이 미래 주가에 어떤 영향을 미칠지 분석한다.

랜덤 포레스트(Random Forest)

여러 개의 의사 결정 트리(결정 나무)를 만들어 그 결과를 종합하는 앙상블 방법으로 더 정확한 예측을 추구.

투자 활용법: 주가 방향성 예측, 최적의 진입/퇴출 시점 탐색, 다양한 지표의 중요도 평가.

장점: 과적합 위험이 적고 다양한 변수 간 관계를 잘 포착함.

단점: 결과 해석이 복잡하고 컴퓨팅 자원이 많이 필요함.

비유: 여러 의사에게 같은 증상을 설명하고 진단을 받는다고 할 경우, 한 명의 의사보다 여러 의사의 의견을 종합하면 더 정확한 진단이 가능하다. 랜덤 포레스트는 수

백 개의 '의사 결정 의사'들에게 금융 데이터를 보여 주고 그들의 의견을 종합하여 최종 예측을 만든다.

LSTM(Long Short-Term Memory)

딥러닝의 한 종류로 시간의 흐름에 따른 데이터의 장기 및 단기 패턴을 모두 기억하고 학습하는 알고리즘.

투자 활용법: 복잡한 시장 패턴 인식, 다양한 시간 프레임의 데이터를 통합 분석, 주가 변동성 및 추세 전환점 예측.

장점: 장단기 패턴을 모두 파악할 수 있어 복잡한 시장 움직임 포착에 유리함.

단점: 학습에 많은 데이터와 시간이 필요하며 구현이 복잡함.

비유: 음악을 듣고 다음에 나올 음표를 예측하는 것처럼 방금 들은 음(단기 기억)뿐만 아니라 곡의 전체 패턴(장기 기억)도 고려해야 한다. LSTM은 최근 주가 움직임과 장기적인 시장 패턴을 모두 고려하여 미래 가격을 예측한다.

패턴 인식 알고리즘

기술적 패턴 인식(Technical Pattern Recognition)

주가 차트에서 특정 모양(헤드앤숄더, 삼각형, 이중 바닥 등)을 자동으로 식별하는 알고리즘.

투자 활용법: 차트 패턴 자동 검색, 패턴 기반 매매 신호 생성, 과거 유사 패턴과 현재 패턴 비교 분석.

장점: 차트 분석의 주관성을 줄이고 대량의 종목을 빠르게 스크리닝 가능.

단점: 동일한 패턴이라도 시장 상황에 따라 다른 결과를 가져올 수 있음.

비유: 얼굴 인식 기술을 보면, 컴퓨터가 사진에서 눈, 코, 입의 배치를 분석해 특정 사람을 식별하는 것처럼 패턴 인식 알고리즘은 주가 차트에서 특정 형태를 찾아낸다. 이중 바닥(W) 패턴, 헤드앤숄더 패턴 등을 찾아 향후 가격 움직임을 예측한다.

군집화 알고리즘(Clustering)

유사한 특성을 가진 데이터를 그룹으로 묶어 패턴과 관계를 발견하는 알고리즘.

투자 활용법: 유사한 움직임을 보이는 종목 그룹화, 비정상적 거래 패턴 감지, 투자자 행동 패턴 분석.

장점: 복잡한 시장에서 숨겨진 구조와 관계 발견 가능.
단점: 어떤 특성을 기준으로 군집화할지 정하는 것이 주관적일 수 있음.
비유: 도서관에서 책을 주제별로 분류하는 것을 생각해 보면 소설, 과학, 역사 등으로 책을 분류하면 특정 주제를 찾기 쉬워진다. 군집화 알고리즘은 수천 개의 주식을 성장률, 변동성, 산업 등의 특성에 따라 그룹으로 나누어 비슷한 성격의 자산을 식별한다.

이상 감지(Anomaly Detection)
정상적인 패턴에서 벗어난 비정상적인 데이터나 이벤트를 찾아내는 알고리즘.
투자 활용법: 시장 조작이나 비정상적 거래 감지, 극단적 가격 움직임 사전 경고, 기업 재무제표의 이상 징후 탐지.
장점: 시장의 비정상적 움직임을 빠르게 감지해 대응 가능.
단점: 정상과 비정상의 경계 설정이 어려울 수 있음.
비유: 신용카드 사용 패턴을 생각해 보면 평소와 다른 지역에서 갑자기 고액 결제가 이루어지면 사기 의심으로 알림이 온다. 이상 감지 알고리즘은 주식 시장에서 평소

와 다른 거래량 급증, 비정상적 가격 변동 등을 감지하여 경고한다.

자산 배분 최적화 알고리즘

현대 포트폴리오 이론(Modern Portfolio Theory)

여러 자산의 위험과 수익, 상관관계를 분석하여 최적의 자산 배분 비율을 찾는 방법.

투자 활용법: 효율적 프론티어 분석, 샤프 비율 최적화, 다양한 자산 클래스 간 최적 배분 비율 계산.

장점: 분산 투자의 이점을 수학적으로 최적화.

단점: 과거 데이터에 기반하므로 시장 환경 변화 시 효과가 달라질 수 있음.

비유: 다양한 요리를 조합하여 건강하고 맛있는 식단을 구성한다고 하면 단백질, 탄수화물, 지방, 비타민 등 다양한 영양소를 적절히 조합해야 하듯이, 현대 포트폴리오 이론은 주식, 채권, 원자재 등 다양한 자산 클래스를 적절히 조합하여 최적의 포트폴리오를 구성한다.

위험 패리티(Risk Parity)

각 자산이 포트폴리오 전체 위험에 동일하게 기여하도록 배분하는 알고리즘.

투자 활용법: 자산별 변동성 기반 배분, 포트폴리오 위험 균등화, 특정 자산 클래스 의존도 감소.
장점: 시장 환경 변화에 상대적으로 안정적인 성과 유지.
단점: 저위험 자산에 더 많은 비중을 두어 레버리지가 필요할 수 있음.
비유: 차에 짐을 실을 때 한쪽으로 치우치지 않고 골고루 분산해서 적재한다고 하면, 위험 패리티는 투자 위험을 다양한 자산에 골고루 분산시켜 어느 한 자산의 폭락이 전체 포트폴리오에 치명적인 영향을 미치지 않도록 한다.

블랙-리터만 모델(Black-Litterman Model)
시장 균형 기대 수익률과 투자자의 주관적 전망을 결합하여 자산 배분을 최적화하는 알고리즘.
투자 활용법: 시장 기대와 개인 견해 통합, 극단적 자산 배분 방지, 특정 자산에 대한 전망 반영.
장점: 현실적이고 직관적인 포트폴리오 구성 가능.
단점: 주관적 견해 설정에 따라 결과가 크게 달라질 수 있음.
비유: 요리 레시피를 기본으로 하되 개인 취향에 맞게 조금씩 조정한다고 보면, 블랙-리터만 모델은 시장의 효

율적 배분(기본 레시피)을 시작점으로 삼고 여기에 투자자의 특별한 통찰이나 전망을 가미하여 조정한다.

계층적 리스크 패리티(Hierarchical Risk Parity)

자산 간 상관관계의 계층 구조를 분석하여 실제 분산 효과가 극대화되도록 자산을 배분하는 알고리즘.
투자 활용법: 상관관계 클러스터링 기반 배분, 극단적 시장 상황에서의 리스크 관리, 복잡한 자산 구조의 효율적 분산.
장점: 극단적 시장 상황에서도 분산 효과가 유지됨.
단점: 구현이 복잡하고 계산 비용이 높음.
비유: 가족 여행 계획을 세울 때 어른들끼리의 활동, 아이들끼리의 활동, 전체 가족이 함께하는 활동으로 나누어 균형을 맞춘다고 보면, 계층적 리스크 패리티는 비슷한 움직임을 보이는 자산들을 그룹화하고 이 그룹들 간의 균형을 조정하여 진정한 분산 효과를 얻는다.

자연어 처리 알고리즘

감성 분석(Sentiment Analysis)

텍스트에서 감정이나 태도(긍정/부정/중립)를 파악하는 알고리즘.

투자 활용법: 기업, 산업, 시장에 대한 뉴스 감성 측정, 소셜 미디어의 투자자 심리 분석, 분기 실적 발표 콘퍼런스 콜 톤 분석.
장점: 시장 심리와 트렌드를 객관적으로 측정 가능.
단점: 문맥 이해나 풍자, 아이러니 같은 미묘한 표현 해석이 어려울 수 있음.
비유: 영화 리뷰를 읽고 그 영화가 좋은지 판단한다고 보면 "훌륭한", "감동적인"과 같은 긍정적 단어가 많으면 좋은 영화로 "지루한", "실망스러운"과 같은 부정적 단어가 많으면 나쁜 영화로 판단한다. 감성 분석 알고리즘은 특정 주식이나 시장에 대한 뉴스 기사와 소셜 미디어 글에서 이와 같은 감성을 파악한다.

이벤트 추출(Event Extraction)

뉴스나 공시 등에서 투자에 영향을 미칠 수 있는 중요 이벤트를 자동으로 식별하는 알고리즘.
투자 활용법: 인수 합병, 경영진 변경, 신제품 출시 등 핵심 이벤트 포착, 기업 공시 자동 분석, 특정 이벤트와 주가 움직임 간의 관계 학습.
장점: 방대한 정보 속에서 핵심 투자 요소 식별 가능.
단점: 미묘한 맥락이나 함축적 의미 파악에 한계 있음.

비유: 신문에서 중요한 헤드라인을 골라낸다고 할 때 수많은 기사 중에서 "대규모 인수 합병 발표", "새 CEO 임명", "대규모 구조조정" 같은 중요 소식을 찾아내는 것처럼 이 알고리즘은 방대한 뉴스 속에서 투자 결정에 영향을 미칠 핵심 이벤트를 추출한다.

주제 모델링(Topic Modeling)

대량의 문서에서 주요 주제와 트렌드를 자동으로 식별하는 알고리즘.

투자 활용법: 시장 트렌드 및 관심사 파악, 산업별 주요 이슈 추적, 기업 보고서에서 핵심 리스크 요소 추출.

장점: 방대한 텍스트 데이터에서 유의미한 통찰 도출 가능.

단점: 추출된 주제의 의미 해석은 인간의 판단 필요.

비유: 도서관의 책들을 주제별로 자동 분류하는 것을 생각해 보면 각 책의 내용을 읽지 않고도 주요 키워드와 문장 구조를 분석해 "과학", "역사", "문학" 등으로 분류하는 것처럼 주제 모델링은 뉴스와 보고서를 분석해 "공급망 이슈", "인플레이션 우려", "기술 혁신" 같은 주요 주제를 자동으로 분류한다.

리스크 관리 알고리즘

VaR(Value at Risk)

특정 기간 일정 확률로 발생할 수 있는 최대 손실 금액을 계산하는 알고리즘.

투자 활용법: 포트폴리오 위험 수준 정량화, 위험 한도 설정, 다양한 투자 전략의 위험 비교.

장점: 위험을 단일 숫자로 간단히 표현 가능.

단점: 극단적 시장 상황(꼬리 위험)을 과소평가할 수 있음.

비유: 자동차 보험에서 "향후 1년간 95% 확률로 발생할 수 있는 최대 손해액은 500만 원입니다"라고 예측하는 것과 유사하다. VaR은 "향후 1개월간 95% 확률로 이 포트폴리오의 최대 손실은 5%를 넘지 않을 것"과 같은 정보를 제공한다.

몬테카를로 시뮬레이션(Monte Carlo Simulation)

수천, 수만 가지의 가능한 미래 시나리오를 무작위로 생성하여 투자 결과의 확률 분포를 예측하는 방법.

투자 활용법: 포트폴리오 장기 성과 예측, 다양한 자산 배분 전략의 결과 시뮬레이션, 은퇴 자금 계획 및 인출 전략 검증.

장점: 복잡한 시장 상황과 다양한 변수를 고려한 종합적 분석 가능.
단점: 가정과 입력 파라미터에 크게 의존함.
비유: 여행 계획을 세울 때 날씨, 교통, 비용 등 다양한 변수를 고려하여 수많은 시나리오를 상상해 보는 것과 같다. "비가 올 확률 30%, 교통 지연 확률 20%, …" 등을 종합하여 여행이 성공할 확률과 필요한 예비 계획을 세우는 것처럼 몬테카를로 시뮬레이션은 다양한 시장 상황을 가정하여 투자 결과의 범위를 예측한다.

스트레스 테스팅(Stress Testing)

극단적인 시장 상황(금융 위기, 급격한 금리 인상 등)에서 포트폴리오가 어떻게 반응할지 테스트하는 방법.
투자 활용법: 역사적 위기 시나리오에서의 포트폴리오 성과 분석, 극단적 시장 변화에 대한 취약성 평가, 위기 대응 전략 수립.
장점: 예상치 못한 극단적 상황에 대한 준비 가능.
단점: 과거 위기가 정확히 같은 방식으로 반복되지는 않음.
비유: 건물이 지진에 얼마나 견딜 수 있는지 시뮬레이션하는 것을 생각해 보면 실제 지진이 오기 전에 다양한 강

도의 지진 상황을 가정하여 건물의 안전성을 테스트하는 것처럼 스트레스 테스팅은 "2008년 금융위기와 같은 상황이 다시 발생하면 내 포트폴리오는 얼마나 손실을 볼까?"와 같은 질문에 답해 보는 것이다.

이정헌

경희대학교 컴퓨터공학과 교수다. 1999년부터 2011년까지 3번 스타트업을 창업하고 투자금을 회수(exit)했고, 한국정보화진흥원 프로그램 매니저(PM)를 거쳐 2013년부터 현재까지 경희대학교 컴퓨터공학과 교수로 재직 중이다. 2018년부터 전문 개인 투자자로 투자 활동을 하고 있으며 다른 전문 개인 투자자들과 AC(액셀러레이터)/VC(벤처캐피탈) 투자사를 설립해 스타트업을 발굴하고 투자하고 성장을 지원하는 투자 활동을 활발히 하고 있다. 2020년부터 중소벤처혁신기업협회 협회장으로 활동하고 있으며 국가지식재산위원회 신지식 재산 분과에서 전문위원으로 4년간(2013~2017) 활동했으며, ISO/IEC JTC1 SC24 국제표준위원(2004~현재)으로 활동하고 있다. 과기부, 산업부, 문체부에서 기술기획위원회 기획위원으로 활동하고 있으며, AI, 빅 데이터, AR/VR, 영상처리 분야에서 다수의 국책 연구개발 프로젝트를 수행했으며, 세계인명사전에도 영상전문가로 등재되어 있다. 주요 저서로 『애즈 어 서비스다! 비트 경제의 게임체인저』(2021), 『4차 산업 시대의 역량 강화를 위한 생성형 AI 그리고 산업자동화』(2024) 등이 있다.